一分鐘。帶來多少"大開悟"

奇妙小故事，生活大智慧。

舒天◎著

前言

生命是脆弱而又沉重的，以致於我們百般呵護、無比珍重，仍不免使生命受到傷害。

人生是短暫而又漫長的，以致於我們苦苦求索、一生奮鬥，到頭來仍可能一無所有。

在珍惜生命、創造人生的苦旅中，每個人都會面對種種誘惑和考驗：得與失、成與敗、善與惡、樂與苦、榮與辱等等。我們該如何看待複雜的人生，如何迎接多變的未來，如何追求心中的夢想，如何獲得精彩的人生，儘管答案有很多，但用思想的火花點燃頭腦的火把，用智慧的力量挺起精神的脊梁，也許是最為緊要、最為迫切的選擇。

人生的大哲理，是古今中外人類理性思索的結晶，是人類思想智慧的精華。而人類的思想智慧，通常會濃縮在哲理寓言之中，往往會凝結在哲理故事之中。這些充滿哲理的寓言和故事，就像一位智慧善良的長者，引領著我們認識自己的生命，透視身邊的世界，創造未來的人生。

讀奇妙故事，悟人生哲理。願本書幫助讀者給自己的夢想插上翅膀，給自己的心靈灑滿陽光，穿過生活的叢林，尋覓幸福的芳草，追尋人生的春天。

做人的哲理——

誠實做人，決不虛偽

真誠是做人之本。
只有務本，
才能夠博得他人的認可和信賴；
也只有得到他人承認，
才能夠給自己帶來更多的成功機會。

——(英)約瑟夫・布萊克

目錄 | CONTENTS

自立的哲理——

自強不息，駕馭人生

自力更生和自己戰勝自己將教會一個人從他自身力量的水池中汲取動力，從自己的力量中品嘗到甜蜜蜜的麵包。

——（英）法蘭西斯・培根

目錄｜CONTENTS

學習的哲理——

厚積薄發，博專相宜

一個討厭學習的人，
無論他具有怎樣的身分，
都不會聰明到哪兒去。
因為，在這個世界上我們不瞭解的東西太多，
不去學習你就永遠不知道自己有多麼無知。

——（中）趙元任

目錄 | CONTENTS

機遇的哲理——

乘風借勢，敢為人先

命運不掌握在上帝手中，
而掌握在我們自己手中。
因此，那些失敗的人，
不應詛咒上帝，
而應反省自己為什麼沒有抓住機遇。

——（德）約翰・歌德

處世的哲理——

亦方亦圓，直屈相濟

一個心直口快的人，
只能博得人們的認同，
卻不能贏得尊重。
一個圓滑世故的人，
雖然讓人討厭，卻總能保護好自己。

——（俄）伊凡・克雷洛夫

目錄 | CONTENTS

做人的哲理——

誠實做人，決不虛僞

千萬不要做偽君子，
因為偽君子在世間才步難行。

——（古希臘）柏拉圖

真誠是做人之本。
只有務本，
才能夠博得他人的認可和信賴；
也只有得到他人承認，
才能夠給自己帶來更多的成功機會。

——（英）約瑟夫·布萊克

誠就是真實不欺的品德。真誠是做人的最基本的道德。它要求人們對人對事時時保持純真，決不虛偽。

真誠待人，最基本、最通常的要求就是不以諾言騙人。同時，不要偽裝自己，不隱瞞自己的觀點，不掩飾自己真實的感情，不弄虛作假，不嘩眾取寵和欺世盜名。不僅不說謊話、假話，還應不說那些不能兌現或無用的大話、空話，時時事事均要體現求真、求實的務實精神。

誠，乃是真善美的統一，是做人的根本。古人云：「思誠者，人之道也」、「君子誠之為貴」。

與誠相對的是偽，即虛偽，也就是對他人講假話，做假事；對自己不敢真實地袒露內心世界。俄國作家契柯夫把這種人稱做被吃掉了靈魂的人。

誰欺騙了別人，別人就會輕視他；誰欺騙了社會，誰就會失去社會的信賴，最終被社會所唾棄；誰欺騙了生活，誰就會受到生活的懲罰，失去人生的價值。

不講誠信的欺騙者往往最後欺騙的是自己。《韓非子》中說：「巧詐不如拙誠。」巧詐的人乍看起來，好像是機靈，但是時間一久，必定會被人懷疑而遠離。所以誠實無欺是贏得眾人之心的關鍵，是獲得事業成功的基礎。

哲理 1

誠信
是人生的基石

*

誠與信是我們通往成功之路的利器，天下沒有任何一種廣告能比誠信的美譽更能取得他人的青睞，善於對誠信做出深入思考的人，進行認真實踐的人，必將會使自己的人生更加輝煌。

【哲理點燈】

誠與信是優秀品格中最重要的東西，是做人的美德，是成就事業、走向成功之路的重要法寶。

所謂誠，乃誠實也；信，乃守信，信用也。它是一個人正直的表現。誠則有信，信則獲譽，誠實和信用情同手足，密不可分，它們共同構成事業大廈的頂梁之柱。人們應該積極培養這種優秀的品格。

首先，**誠實需要堅守我們的人格**。人格是做人的資格和為人的品格的總和。它是對人的思想和行為進行道德評價的一個概念。我們每個人都要懂得，在自己的生命中，人格是第一寶貴的。

其次，**誠信是一個人的立足之本**。要成為一個誠信的人，就應該辦事實在，不說謊話。有道是誠信是金，誠信是寶。一個人如缺少誠信是無法立足的。在現實生活中，擁有誠信美德是通行人間的特別證件。它與偽君子無緣，與空談家遠離。

在與朋友交往中，要取得朋友的信賴，得到更多的朋友。就應言行一致，信守諾言。

孔子經常教育他的學生，要「言必行，行必果」，就是說：說話一定要算數，說到要做到。曾子把老師的話牢記在心，每天晚上睡覺前，他都要進行反省：「給人家辦事，我做到誠心盡力了嗎？對待朋友，我有沒有不誠實、不守信用的地方呢？老師的教誨我認真復習過了嗎？」

日復一日，年復一年，曾子一直這樣嚴格要求自己，成了遠近聞名的人上。人們辦事都喜歡找他幫忙，有時把一些性命攸關的大事也交給他辦。因為大家都知道，曾子是最誠實、最講信用的人，把事情交給他辦，是完全可以放心的。

對朋友守信用體現在每一件細小的事情上，朋友托你辦一件小事情，這事情又是舉手之勞的，你應該盡心盡力去辦。譬如，你去外地出差，朋友托你買一件東西，你答應了朋友就應該做到，做不到應向朋友解釋清楚沒做到的原因，不然就是不守信用，和朋友的關係蒙上了一層陰影。

守信用還表現在嚴格遵守與朋友的約定。在任何情況下都不要失約。若經常失約，不僅耽誤了別人的時間，打亂了別人的安排，而且也損害了自己的形象，失去了自己的信譽。

【故事開智】

故事1 誠信比金錢更重要

一八三五年，摩根先生成為一家名叫「伊特納火災」的小保險公司的股東，因為這家公司不用馬上拿出現金，只需在股東名冊上簽上名字就可成為股東。這符合摩根先生沒有現金但卻能獲益的設想。

很快，有一家在伊特納火災保險公司投保的客戶發生了火災。按照規定，如果完全付清賠償金，保險公司就會破產。股東們一個個驚惶失措，紛紛要求退股。

摩根先生斟酌再三，認為自己的信譽比金錢更重要，於是他四處籌款並賣掉了自己的住房，低價收購了所有退股的股票。然後他將賠償金如數付給了投保的客戶。

這件事使伊特納保險公司贏得了信譽。已經身無分文的摩根先生成為保險公司的所有者，但保險公司已經瀕臨破產。無奈之中他打出廣告，凡是再到伊特納火災保險公司投保的客戶，保險金一律加倍收取。

結果客戶蜂擁而至。原來在很多人的心目中，伊特納公司是最講信譽的保險公司，這一點使它比許多有名的 大保險公司更受歡迎。伊特納火災保險公司從此崛起。

過了許多年之後，摩根的公司已成為華爾街的主宰。而當年的摩根先生正是美國億萬富翁摩根家族的創始人。

【人生感悟】

其實，成就摩根的並不是一場火災，而是比金錢更有價值的信譽。還有什麼比讓別人都信任你更寶貴的呢？所以有眼光的人都不會斤斤計較眼前的利益，而著眼於長遠，著眼於打造自己人生的誠信招牌。

故事2

信譽的價值重於生命

西元前四世紀，在義大利，有一個名叫皮斯阿司的年輕人觸犯了法律。皮斯阿司被判絞刑，在某個法定的日子將被處死。皮斯阿司是個孝子，在臨死之前，他希望能與遠在百里之外的母親見最後一面，以表達他對母親的歉意，因為他不能為母親養老送終了。

他的這一要求被告知了國王。國王被他的孝心所感動，允許他回家，但是他必須為自己找個替身，暫時替他坐牢。這是一個看似簡單其實近乎不可能實現的條件。有誰肯冒著被殺頭的危險替別人坐牢，這豈不是自尋死路。但，茫茫人海，就有人不怕死，而且真的願意替別人坐牢，他就是皮斯阿司的朋友達蒙。

達蒙住進牢房以後，皮斯阿司回家與母親訣別。人們都靜靜地看著事態的發展。日子一天天地過去了，皮斯阿司還沒有回來，刑期眼看就快到了。人們一時間議論紛紛，都說達蒙上了皮斯阿司的當。行刑日是個雨天，當達蒙被押赴刑場之時，圍觀的人都在笑他的愚蠢。幸災樂禍的人大有人在。但刑車上的達蒙，不但面無懼色，反而有一種慷慨赴死的豪情。

追魂炮被點燃了，絞索也已經掛在達蒙的脖子上。膽小的人嚇得緊閉了雙眼，他們在內心深處為達蒙深深地惋惜，並痛恨那個出賣朋友的小人皮斯阿司。但就在這千鈞一髮之際，在淋漓的風雨中，皮斯阿司飛奔而來，他高喊著：「我回來了！我回來了！」

這一幕太感人了，許多人都還以為自己是在夢中。這個消息宛如長了翅膀，很快便傳到了國王的耳中。國王聞聽此言，也以為這是謊言。國王親自趕到刑場，他要親眼看一看自己優秀的子民。最終，國王萬分喜悅地為皮斯阿司鬆了綁，並親自赦免了他的刑罰。

【人生感悟】

有人不重視信譽，認為那不如現實的利益重要。但不要忘記，人一旦失去了信譽，他還怎樣在社會上立足？

故事3 守時也是一種守信

一七七九年，德國哲學家康得計畫到一個名叫珀芬的小鎮，去拜訪老朋友威廉·彼特斯。康得動身前曾寫信給彼特斯，說自己將於三月二日上午十一點鐘之前到達。

康得三月一日就趕到了珀芬小鎮，第二天早上租了一輛馬車前往波特斯的家。老朋友的家住在離小鎮十二英里遠的一個農場裏，小鎮和農場中間隔了一條河。當馬車來到河邊時，細心的車夫說：「先生，實在對不起，不能再往前走了，因為橋壞了，很危險。」

康得下了馬車，看了看橋，中間的確已經斷裂了。河面雖然不寬，但水很深，而且結了冰。

「附近還有別的橋嗎？」康得焦急地問。

車夫回答說：「有，先生。在上游六英里遠的地方還有一座橋。」

康得看了一眼懷錶，已經十點鐘了。

「如果趕到那座橋，我們以平常速度什麼時候可以到達農場？」

「我想大概得十二點半。」

康得又問：「如果我們過面前這座橋，以最快速度什麼時間能到達？」

車夫回答說：「最快也得用四十分鐘。」

康得跑到河邊的一座很破舊的農舍裏，客氣地向主人打聽道：「請問你的這間房子要多少錢才肯出售？」

農婦大吃一驚：「您想買如此簡陋的破房子，這究竟是為什麼？」

「不要問為什麼，您願意還是不願意？」

「那就給兩百法郎吧！」

康得付了錢，說：「如果您能馬上從破房上拆下幾根長木頭，二十分鐘內把橋修好，我將把房子還給您。」

農婦把兩個兒子叫來，讓他們按時修好了橋。

馬車平安地過了橋，飛奔在鄉間的路上，十點五十分，康得趕到了老朋友的家。

在門口迎候的彼特斯高興地說：「親愛的朋友，您可真守時啊！」

康得在與老朋友相會的日子裏，根本沒有對其提起為了守時而買房子、拆木頭過河的經過。

後來，彼特斯在無意中聽到那個農婦講了此事，便很有感慨地給康得寫了一封信。信中說到：「您太客氣了，還是一如既往地守時。其實，老朋友之間的約會，晚一些時間是可以原諒的，何況您還遇到了意外。」

一向一絲不苟的康得，在給老朋友的回信中寫了這樣的一句話：「在我看來，在一定意義上可以說，無論是對老朋友，還是對陌生人，守時就是最大的禮貌。」

【人生感悟】

注意守時也是信守諾言的一個重要方面。現在有些人，不守時似乎已成為慣例。殊不知，不守時的人實際上是不懂得尊重別人，也表明自己不是一個信守諾言的人。所以，要遵守好的道德規範，連小的地方也不要忽略。

哲理 2

真誠
才會贏得信賴

真誠是一種優良的品德，它與謊言格格不入，與欺騙無緣，真誠會贏得別人的信賴。擁有真誠的品德，能在人生道路上暢通無阻地奔向成功的目標。

【哲理點燈】

誠實守信，言而有信，是待人接物的一種重要的行為準則，千百年來一直被視為做人美德。

《韓非子》中說：「巧詐不如拙誠。」「巧詐」是指欺狂而表面掩飾的做法。「巧詐」乍看之下，好像是機靈的策略，但是時間一久，周圍的人懷疑甚至可能遠離。相反的，「拙誠」是指誠心地做事，行為或許比較愚直，但是會贏得大多數人的心。韓非子認為，與其運用巧妙的方法來欺瞞他人，不如誠心誠意地來對待別人。

現在許多人好像喜歡運用巧詐，其實，人際關係的基本原則，古今無多大差別。喜歡詐術的人，雖然能一時欺瞞別人，而且也能從中獲得利益。但是，久而久之，就一定會露出馬腳，失去別人對你的信賴，最終不但獲利不多，反而損失更大。

許多求職的人在參加面試的時候，所犯的最大錯誤就是不保持本色。他們不以真面目示人，不能完全的坦誠，而給招聘者一些他以為「正確」的回答。可是這個做法一點用處也沒有。因為沒有人願意要偽君子，正如從來沒有人願意收假鈔票一樣。真誠才會贏得信賴。

【故事開智】

故事1

誠實使他贏得了老闆的信賴

在美國國際函授學校丹佛分校經銷商的辦公室裏，戴爾正在應徵銷售員工作。主考官問道：「幹過推銷嗎？」

「沒有！」戴爾答道。

「那麼，現在請回答幾個有關銷售的問題。」約翰．艾蘭奇先生開始提問：「推銷員的工作目的是什麼？」

「讓消費者瞭解產品，從而心甘情願地購買。」戴爾不假思索地答道。

艾蘭奇先生點點頭，接著問：「你打算對推銷對象怎樣開始談話？」

「『今天天氣真好』或者『你的生意真不錯』。」

艾蘭奇先生還是只點點頭。「你怎麼把打字機推銷給農場主人？」

戴爾稍稍思索一番，不緊不慢地回答：「抱歉，先生，我沒辦法把這種產品推銷給農場主人。」

「為什麼？」

「因為農場主人根本就不需要打字機。」

艾蘭奇高興得從椅子上站起來，拍拍戴爾的肩膀，興奮地說：「年輕人，很好，你通過了，我想你會出類拔萃！」艾蘭奇心中已認定戴爾將是一個出色的推銷員，因為測試的最後一個問題，只有戴爾的答案是誠實的，令他滿意，以前的應徵者總是胡亂編造一些辦法，但實際上絕對行不通。

【人生感悟】

戴爾的故事告訴我們這樣一個道理：要想贏得他人的信賴，誠實是最好的手段。因此，在人生的奮鬥路上，我們只有放棄那些虛偽的處世技巧和交際手段，踏踏實實地做人，本本分分地做事，才能贏得更多的合作。

故事2

誠實晏殊得到皇帝信賴

北宋大詞人晏殊還沒有成年時參加殿試。他看過試題，說：「我十天前已經做過這個題目，而且文章草稿還保存著，請皇上換別的題目吧。」宋真宗非常喜歡晏殊的這種誠實。

有一年，宋真宗允許臣僚們挑選旅遊勝地舉行宴會。各級官員都踴躍參加，連市樓酒店也都設置帷帳以供宴會和旅行住宿需要。晏殊這時手頭拮据，沒錢出遊，便獨自居家與兄弟讀書論理。這天，宋真宗挑選輔佐太子的官職，出人意料地在百官中選任晏殊。

宰相問真宗用意，真宗解釋說：「我聽說各級官員，無不遊山玩水，大吃大喝，通宵達旦，歌舞不絕，唯有晏殊閉門與兄弟讀書，如此謙厚，正可擔當輔佐太子的重任。」

晏殊聽說後，便老老實實向真宗說：「我並不是不喜歡遊樂吃喝，只是因為我現在沒錢。如果有錢，這些旅遊宴會我也會參加的。」

宋真宗越發佩服晏殊的誠實，便更加重用，到宋仁宗時，晏殊被任命為宰相。

【人生感悟】

很多人認為誠實的人總是吃虧，其實不對。就短時間而言，誠實的人可能看似吃虧，但就長期效果而言，這種「吃虧」卻成了「福」的基礎，反而讓誠實的人被人信任，受益更多。

哲理

3

一個真誠勝過一打的聰明

真正的朋友，講求的是心靈的溝通。無論是經常在一起，還是相隔天涯，在交往中都需要將心比心，誠信待人。

【哲理點燈】

做人不可失去誠信，交友不可失去信任，這是交友的一項重要原則。只有真誠，才會使你獲得真正的朋友，在複雜的人際交往中立於不敗之地。諸葛亮曾高臥隴中，自比管樂，無意於當世，與劉備素昧平生。劉備深知其才華，「三顧茅廬」，才得相見，此舉表現了他的誠摯。於是諸葛便效忠劉備，雖幾經挫折，絕不灰心，做到「鞠躬盡瘁，死而後已」，由此可見真誠之偉力。

為人誠實表現在與朋友交往中，就是以誠相待，說實話，辦實事，做老實人，對朋友不可虛情假意，也不可口是心非，施小心眼耍小聰明。

為人誠實，就是要誠實地對待朋友，當朋友真誠地與你交往，關心你，愛護你的時候，要以同樣的真誠，甚至更多的真誠的言行去回報朋友。滴水之恩，當以湧泉相報，這樣以心換心，朋友之間的友情必然是根深葉茂。

【故事開智】

故事1 荀巨伯誠義護友

東漢時期，有一位名叫荀巨伯的人。一日得急信，說一位朋友得了重病。朋友遠在千里之外，荀巨伯去看他時，趕了好幾天的路程。可是到了朋友所住的郡地時，卻發現這裏被胡人包圍了。他只得潛入城裏去看望朋友，朋友看到荀巨伯時非常高興，但又憂慮地說：

「謝謝你在這個時候還來看望我。現在城已被胡人包圍了，看樣子是守不住了。我是一個快死的人，城破不破，對我來說已無所謂了，可你沒有必要留在這裏，趁現在能想辦法，你趕快走吧！」

荀巨伯聽後責備朋友說：「你這是說的什麼話！朋友有福同享，有難同當，現在大難臨頭，你卻要我扔下你不管，自己去逃命，我怎麼能做這樣不仁不義的事情呢？」

胡人攻破城後，闖進他朋友的院落，見到安坐的荀巨伯，大發威風說：「我們大軍所到之處，所向披靡，你是何人，竟敢不望風而逃，難道想阻擋大軍不成？」

荀巨伯說：「你們誤會了，我並不是這城裏的人，到這裏只是來看望一個住在這裏的朋友。現在我的朋友病得很嚴重，危在旦夕，我不能因為你們來，就丟下朋友不管。你們如果要殺的話，就殺我吧！不要殺死我這位已痛苦不堪，無法自救的朋友。」

胡人聽了這樣的話非常驚奇，半晌無語。

過了好一會兒，有一位頭領看了看手中的大刀，說道：「看來，我們是一群根本不懂得道義的人了。我們怎麼能在這個有著崇高道義的國家裏胡闖亂蕩，為所欲為呢？走吧！」

胡人竟因此而收兵，一郡得以保全。

【人生感悟】

且不說荀巨伯對待朋友的義氣感化了胡人，保全了朋友的郡地，單就荀巨伯對待朋友的真誠本身而言，足以令人感動了，像這樣以真誠的言行對待朋友，天下還有誰不願意與其結交呢？朋友之間的友情怎能不深呢？

故事2

朱暉誠信，一言千鼎

漢代有一位名叫朱暉的人，在其讀書的時候，結識了一位大官名叫張堪，恰好兩人是同鄉，張堪很器重他。但朱暉認為自己只是一名太學生，不敢與人交往過密。有一次，張堪對朱暉說，你真是一個自持的人，值得信賴，我願把身家與妻託付給你。因為張堪是一位德高望重的前輩，朱暉對此重言不知如何反應，只是恭敬地拱手相應。

後來，張堪死了，因為為官清廉，死後沒留下什麼豐厚的遺產。朱暉其時早已與張堪不通音訊，但知道張堪去世消息後，感於張堪的知遇之恩，千方百計地對其家濟以錢糧，並經常去問寒問暖。

朱暉的兒子不解地問：「爸爸，我們以前沒有聽說過你與張堪有什麼深交，你為什麼如此厚待他家的人？」

朱暉說：「張堪生前曾對我有知己相托之言，我當時已答應了，做人不能欺騙別人，更不能欺騙自己。」

朱暉還有一個朋友叫陳揖，兩人也十分投機，陳揖過早謝世，留下了一個遺腹子陳友。朱暉在陳揖去世後，盡一切力量替陳揖盡父責。有一次，南陽太守召朱暉的兒子去當僚屬，朱暉卻換下了自己的兒子而舉薦陳揖的兒子陳灰。

【人生感悟】

朱暉忠誠於朋友可謂達到了極至。如此真誠待友，為人正直誠懇，言行一致，表裏如一，堪稱典範。我們做事應該這樣，講究誠信，一言九鼎。

哲理 4

誠實的人終不會吃虧

言行誠實的人，在任何情況下都能不為利動，不欺不詐。這種人即使一時會受到些損失，但最終必將會得到更大的收穫，而不會吃虧的。

【哲理點燈】

為人不可不誠實，否則靠騙術行事只會讓自己遭到慘敗，因為誠實是做人的基本品性，而欺騙者最後一個欺騙的對象是自己。

在現實生活中，你可能因為說實話，而失去某些東西；但是在漫長的人生旅途中，你把誠實放在品格的首位，終會使你的人生放出更加燦爛的光彩。

日本山一證券公司的創始人小池田子說：「做生意成大事者第一要訣就是誠實，誠實像是樹木的根，如果沒有根，樹木就別想有生命了。」這確是小池經驗之談，他正是因誠實而發家的。

小池田子二十多歲時開小池商店，同時替一家機器製造公司當推銷員，有一個時期，他推銷機器很順利，半個月內便跟三十三位顧客簽訂了契約，並收了定金。之後，他發覺所賣的機器比別的公司出產的同樣性能的機器貴，感到很不安，立即帶訂約書和定金，整整花了三天的時間逐家逐戶去找訂戶，老老實實說明他所賣的機器價錢比別人賣的機器貴，請他們廢棄契約。

這使訂戶深受感動，結果三十三人中沒有一個廢約，反而對小池田子極其信賴和敬佩。消息傳開，人們知道小池田子經商誠實，紛紛前來他的商店購買貨物或是向他訂購機器。誠實使小池田子財源廣進，終於成了大企業家。

在許多人心裏，認為「老實人吃虧」，這種偏見是非常有害的。中國第一大油田「大慶油田」在管理原則上，有「三老四嚴」之說，「三老」就是「做老實人，說老實話，辦老實事」，無數事實證明，誠實的人並不吃虧。

【故事開智】

故事1 他把誠信作為人生的第一品格

喬治是美國一名成功的房地產經營家，其成功秘訣就在於——誠實。

喬治在伊利諾州剛開始從事房地產交易時，有一次帶一位買主去看森林湖區的一座房屋。屋主曾私下告訴他說，這棟房子大部分結構都不錯，只是屋頂過於陳舊，當年就得翻修。買主是一對年輕夫婦，他們說準備買房的錢很有限，極怕超支，所以想買一處無須修葺的房子。他們看過房子後，很喜歡，馬上決定購買，並想立即搬進去住。但喬治對他們講，這座房子需要八千美元重修屋頂。

喬治知道，說出房子屋頂的真相，會冒風險，有可能毀掉這筆交易。果然，這對夫婦一聽說要花這麼多錢來修屋頂，就不肯購買了，一星期後，喬治得知他們從另一家房產交易所花較少的錢買了一棟類似的房子。

喬治的老闆聽說這筆生意被人搶走，十分生氣。他把喬治叫到辦公室，問他是如何把這筆生意搞吹的。

老闆對喬治的解釋很不滿意，他咆哮：「他們並沒有問你屋頂的情況！你沒有責任要告訴他們。你主動告訴他們屋頂要修是愚蠢的，真是多管閒事，現在你把一切都搞砸了。」

老闆解雇了喬治。

如果喬治是個不誠實的人，他可能會想：「我把實情告訴那對夫婦，真是愚不可及。我何苦要為別人操心呢？那關我什麼事？以後可不要再多嘴了，白白丟掉一份工作。我可真笨！」

但是，喬治所希望的是做一個誠實的人。他一直受的教育是要說實話。他的父親總是對他說：「你同別人一握手，就等於簽訂了一項合同，你說的話要算數。如果你想在生意場上站穩腳根，就必須對人公平交易。」所以，喬治總是把信用人品放在第一位，而不是把賺錢看成高於一切。儘管當時他也想把那座房子賣掉，但不能為此而有損自己的人格價值。即使丟掉了工作，他仍然堅信自己唯一的做人準則就是在一切事情上都講真話。

喬治從他幫助過的一位親戚那裏借了些錢，搬到了加州，開了一家小型房地產交易所。數年之後，他以做生意公道和為人誠實建立了信譽。雖然他也為此丟過不少生意，但卻漸漸贏得了人們的信任。最後，他名聲遠揚，生意興隆，客戶遍及全國。喬治靠他的誠實和信用而發達了起來。

【人生感悟】

在個人生活或事業上，你可能由於說老實話而一時失去某些東西。但是在漫長的人生旅途中失掉一些個人的利益又有什麼？你只要建立起信譽，樹立起正直誠實的聲譽。當別人知道你是一個靠得住、值得信賴的人時，你的收穫將是無窮的。

故事2

一樣的兩隻鞋

小玲有一年在美國旅遊，逛到百貨公司的皮鞋部，進口處有一堆鞋子，標著「超級特價，只付一折即可穿回」。她看見有雙漂亮的大紅鞋子，拿起來一看，簡直令人不敢相信，原價七十美元的鞋子，現在只要七美元。她試了試覺得皮質輕軟，實在是完美無瑕，她真是樂不可支。更可愛的是，身上的紅外套，倒像是為這雙鞋訂做的。

她把鞋捧在胸前，然後招手呼喚銷售小姐。銷售小姐笑咪咪地走了過來：「您好！您喜歡這雙鞋？正好配您的紅外套！」她伸出手說：「能不能再讓我看一下？」

小玲把鞋子交給她，不禁擔心起來問：「有什麼問題嗎？價錢對嗎？」

那位銷售小姐趕緊安慰她說：「不！不！別擔心，我只是要確認一下是不是那兩隻鞋。嗯！的確是！」

小玲不解地問：「什麼叫兩隻鞋，明明是一雙啊！」

那位銷售小姐說：「既然您這麼中意，而且打算買了，我一定要跟您說明一下，把真實情況告訴您，請到旁邊坐。」

她領著小玲避開擁擠的人群到僻靜的角落坐下，然後說：

「非常抱歉！我必須讓您明白，它真的不是一雙鞋，而是相同皮質，尺寸一樣，款式也一樣的兩隻鞋，您仔細比較一下，雖然顏色幾乎一樣，但是，還是有一些色差；可能是以前賣鞋時，銷售員或者顧客弄錯了，各拿一隻，所以剩下的左、右兩隻正好又能湊成一雙。我們不能欺騙顧客。如果您現在知道了而放棄，您可以再選別的鞋子。」

這真摯的一席話，哪有不讓人心動的！何況，穿「兩隻鞋」又不是立正齊步走，或是讓人蹲下仔細比較兩邊色澤。小玲心裏愈想愈得意，除了決定買那「兩隻」鞋以外，不知不覺又買了兩雙鞋。

時過幾年，那雙鞋仍是她的最愛。每當朋友誇讚那雙鞋顏色漂亮時，小玲仍舊不厭其煩地講述那個動人的故事。唯一的後遺症是，每次她到紐約時，總像打了嗎啡似的，要抽空回到那家百貨公司捧回兩三雙鞋。

【人生感悟】

這個故事告訴我們：即使經商也一定要真誠地對待別人，不能為了個人的眼前利益欺騙別人；唯有誠實守信，才有可能得到豐厚的回報。

自立的哲理——
自強不息，駕馭人生

在我的生活中，我就是主角。

——三毛

自力更生和自己戰勝自己

將教會一個人

從他自身力量的水池中汲取動力，

從自己的力量中品嘗到

甜蜜蜜的麵包。

——（英）法蘭西斯・培根

「自立者，天助之」，這是屢被驗證的成功格言。成功者首先要有自立自強的精神。

沒有人能夠拯救你自己。主宰自己命運沉浮的只能是自我的努力。面對艱難險阻和人生挑戰，只有自力更生，自強不息，才能到達成功的彼岸。

成功需要自立。沒有自立精神，就沒有個性的發揮，就沒有經驗的積累，在成功的道路上就會寸步難移。相信自己，依靠自己，天地就會任你逍遙行走。

成功的道路始終為擁有自立精神的人敞開著，艱難的現狀和不利於自己的困境，阻擋不了自己前進的步伐。不向困難低頭和妥協，你就會擁有走向成功的最大動力。人生中沒有根本不可戰勝的困難。

成功者總是自主性極強的人，他總是自己擔負起生命的責任，而絕不會讓別人虛妄地駕馭自己。人生中，有許多既對立又統一的東西，能辯證待之，方取得人生的主動權。

在成長的道路上，你必須善於作出抉擇：不要總是讓別人推著走，不要總是聽憑他人擺佈，而要勇於駕馭自己的命運，調控自己的情感，做自我的主宰，做命運的主人。

要駕馭命運，從近處說，要自主地選擇學校，選擇書本，選擇朋友，選擇服飾；從遠處看，則要不被種種因素制約，自主地選定自己的事業、愛情和崇高的精神追求。

你的一切成功、一切造就，完全取決於你自己。

哲理

1

自立自主
方可駕馭人生

*

生命當自立自主，一個永遠受制於人，被人或物「奴役」的人，絕享受不到創造之果的甘甜。自立與自主是創新的激素、催化劑。人生的悲哀，莫過於由別人在替自己選擇。

【哲理點燈】

「在我的生活中，我就是主角。」這是作家三毛的自信之言。

你是你命運的主人，你是你靈魂的舵手。

年輕人要做生活的主角，不要將自己看做是生活的配角。要做生活的編導、主角，而不要讓自己成為一個生活的觀眾。

年輕人要做自己命運的主宰。心理學家布伯曾用一則猶太牧師的故事闡述一個觀點：凡失敗者皆不知自己為何；凡成功者皆能非常清晰地認識他自己。失敗者是一個無法確定地對情境作出反應的人。而成功者，在人們眼中，必是一個確定可靠、值得信任、敏銳而實在的人。

而自立是自主的親密朋友，勇於自立的人才會有堅強的自信。

在西方世界中，青年人較強的自立意識值得我們效法。尊重個人價值、個人尊嚴是自立、自強觀念的核心。美國人的自立意識是生活方式中的最根本觀念。其含義是相信每個人都具有價值，都應按其本人的意願和表現來對待和衡量。它表現在社會實踐中，對個人獨立性、創造性、負責精神和個人尊嚴的尊重。在家庭中，孩子應受到作為一個人所應受到的尊重。成年後，他們對自己的生活和前途有選擇的權力和自由，從而對自己的遭遇，不論好壞都由自己負責。父母只能起「諮詢作用」，不能為兒女代為安排個人的事宜。成年兒女一般都自立門戶，獨立生活。

在美國的一些大學生中，儘管父母有錢，也不願依靠他們。畢業後找不到合適的職業，用不上專業特長，寧可降格以求，大材小用，目的是要有工作，自己賺獨立生活。

這些大學生中，自力更生、勤工儉學的占較大比例，「花花公子」式的是少數。學生在學校裏打工，收取一定報酬。他們並不以做各種雜工為恥，都能盡職做好。因而美國的大學生當臨時工的不少，他們養成了勞動習慣，增長了社會知識，還學會了某些技能，也解決了部分學習費用。

人要靠自己活著，而且必須靠自己活著，在人生的不同階段，盡力達到理應達到的自立水準，擁有與之相適應的自立精神。這是當代人立足社會的根本基礎，也是形成自身「生存支援系統」的基石，因為缺乏自立精神和自理能力的人，連自己都管不了，還能談發展和成功嗎？即使你的家庭環境是處於天堂雲鄉，你也必得先降到凡塵大地，從頭爬起，以平生之力練就自立自行的能力。因為不管怎樣，你終將獨自步入社會、參與競爭，你會遭遇到遠比學習生活要複雜得多的生存環境，隨時都可能出現或面對你無法預料的難題與處境。你不可能隨時動用你的「生存支援系統」，而是必須得靠頑強的自立精神克服困難，堅持前進。

自立是立身、立志，從而把握主動生存和自如生存的關鍵。當今世界重視青少年的自立教育已成為重要趨勢。因為在市場經濟、知識經濟接踵而至的時代，對自立精神和自立能力的優化，不僅是新技術革命的需要，更是能力培養的智慧化的需要。新技術革命所依賴的，正是牢固樹立在自立基礎之上的創新精神；能力培養的智慧化所不可缺失的，正是在具有強大自立能力基礎上的獨創性思維。因此，說它是主體意識覺醒的莊嚴宣言，一點兒也不誇大。

【故事開智】

故事1

自立自強是成功的起點

一九九四年五月廿七日十時三十分，「手搖輪椅愛心考察萬里行」的跋涉者——廿五歲的江蘇省殘疾人尹小星在歷經二十個省區的雨雪風霜之後，進入瀋陽市，這是他從家鄉出發後的第三年零六個月。

一九九三年九月，尹小星成為世界上第一個以輪椅為工具登上唐古喇山口的人。在崇山峻嶺間，在層層積雪下，他憑著臂力孤身進發，在饑餓、寒冷、恐懼的圍困之中，他征服了五千七百三十一米的海拔高度，征服了這飛鳥也難達到的峰巔。

一九九四年七月十五日，他的壯舉更令人感嘆。這天，他拋開輪椅，用雙手拖動殘軀爬上了長城。

一九九八年，加拿大殘疾人漢森在遊人幫助下曾登上了長城北四樓，但尹小星則完全是憑著手臂支撐一寸一寸地挪動到最高點北八樓，在兩小時零兩分鐘的上、下長城過程中，未用任何人的幫助。在遊人如織的長城，尹小星的行為就如重石擊水，震撼著每一個遊人的心。

【人生感悟】

立人生的追求是自我價值的體現。追求的過程，就是艱難險阻的過程，面對逆境與挫折，自怨自艾無濟於事，頹廢沮喪是可憐的，停止不前是可悲的；只有堅定自立的精神，振作起來，自己求助自己，在人生之途中才能有望達到輝煌的巔峰。

故事2

沒有人可以支持你一生

有一位中年富豪講過體育老師教他溜冰的故事：

開始時，我不知道技巧，總是跌倒。所以，他給我一把椅子，讓我推著椅子溜。

果然，此法甚妙，因椅子穩當，可以使我站在冰上如站在平地上一般，不再跌跤，而且，我可以推著它前行，來往自如。

我想，椅子真是好！

於是，我一直推著椅子溜。

溜了大約一星期之久，有一天，老師來到冰場一看我還在那兒推椅子哪！這回他走上冰來，一言不發，把椅子從我手中搬去。

失去了椅子，我不覺驚惶大叫，腳下不穩，跌了下去，嚷著要那椅子。

步。

老師在旁邊，看著我在那裏叫嚷，無動於衷。我只得自力更生。站穩了腳

這才發現，我在冰上這麼久，椅子已幫我學會了許多。但扶椅子只是一個過程，真要學會溜冰，非把椅子拿開不可——沒有人帶著椅子溜冰的，是不是？

【人生感悟】

不要以為沒有他人的幫忙你就活不下去！只有自立之人，才會有拯救自己的方法。別人可以在必要時扶你一把，但別人不能變成你生命的一部分，永遠幫你走過一生。

哲理 2

欣賞自己：你是獨一無二的

每個人都是世界上獨一無二的，每個人都有一道獨特的風景，只有認識自己，發現自己，才能夠激發自己的潛能，創造卓越人生。

【哲理點燈】

能支配「你」的只有你自己，這麼想並且循此去行動的話，你的人生就會大放異彩。

不要認為「全世界只有你沒有成功」。

也不要認為不能贏某人，就不是成功。

事實上，你已經是個勝利者了，因為一生下來，我們就已經是一個自力自助的勝利者了。

幾億個精子中，只有一個能和卵子結合，最積極的精子打贏了其他精子，和卵子結合之後，就產生了我們。而且，在出生之前，還要經過層層的障礙險阻，如果不努力的話，是無法辦到的。這不是自我的首次人生成功又是什麼？

長大成人，來到現實生活中，更是如此。

很久以前，在倫敦的郵票市場上，曾經發生過這樣的事情。

有一天，聚集了很多喜歡收集郵票的人，當天進行世界上僅存的兩枚郵票中一枚的交易。

當時以意想不到的高價——五十萬英鎊為定價，仍有人叫價購買，全場為之譁然。

接著，這位出高價的紳士向全場的人宣布：「各位，現在我買了這張郵票，它已經是屬於我的了。」他一邊說，一邊從口袋裏掏出打火機，點火將這張郵票燒了。

大家都嚇了一大跳，認為這個人該不會是個瘋子吧？但是，郵票在眾人面前已經燒得精光了，卻是不爭的事實。

那位紳士又向大家說：「剛才我把價值五十萬英鎊的一張郵票燒成灰燼，但實際上，我還有另外一張郵票。」說完之後，他把另一張相同的郵票拿出來給大家看，並且說：「這張郵票現在是世界上獨一無二的了。」

獨一無二、無法代替的東西，它是獨特的、僅存的一張，全世界唯一的一張，是無法用金錢來計算的稀世珍品。

人，何嘗不是如此呢？

【故事開智】

故事1 自己是無法替代的

德國八十歲高齡的夏洛特．達爾不顧年歲已高，依然活潑好動，酷愛體育運動。

達爾老太太精神狀態好，從不覺得自己老了，仍然積極參加各項體育活動，仍敢在高高的跳臺上做高難度動作。她以高難度動作和精湛的技術獲得了蒙特婁世界老人花樣跳水錦標賽的桂冠。

夏洛特．達爾來自腓特烈港附近的施泰騰。退休前，她曾當過藥劑師，在眾多的體育項目中，達爾尤其喜愛游泳和跳水，她參加了腓特烈港游泳協會，每週訓練三次。達爾老太太感到自豪的是，到了老奶奶的年紀竟能把一些年輕人甩在後面。八十歲老嫗要跟二三十歲的青壯年同級較量，而且能戰勝一些年輕的後生，實在令人欽佩、可敬。

健壯矍鑠的夏洛特還喜歡潛水和打乒乓球。她也很想參加這兩個項目的國際和地區比賽。她說：「人的生命總有一天要終結的，但是，我最好應該在其他人說『這位老太太還想幹什麼』之前做出幾樣事來。」

達爾已決心要參加在英國謝菲爾德舉行的世界老人體育錦標賽。當記者採訪像夏洛特．達爾這樣的老人時，他們的回答卻是驚人的一致。「自己是無法替代的！」

【人生感悟】

好一個「自己是無法替代的」。夏洛特．達爾真是一位傑出的自立女性。認識到自己的價值，勇敢地去做，這是一切傑出人士共同的特性。事實上，我們每個人在思考自己時，最需要、最重要也是最簡單的事情，就是認識到自己的「獨特性」。

故事2 怎麼看自己

她站在臺上，不時不規律地揮舞著她的雙手；仰著頭，脖子伸得好長好長，與她尖尖的下巴扯成一條直線；她的嘴張著，眼睛瞇成一條線，詭譎的看著台下的學生；偶然她口中也會依依唔唔的，不知在說些什麼。

基本上，她是一個不會說話的人，但是，她的聽力很好，只要對方猜中，或說出她的意思，她就會樂得大叫一聲，伸出右手，用兩個指頭指著你，或者拍著手，歪歪斜斜地向你走來，送給你一張用她的畫製作的明信片。

她叫黃美廉，一位自小就染患腦性麻痺的病人。腦性麻痺奪去了她肢體的平衡感，也奪走了她發聲講話的能力。從小她就活在眾多異樣的眼光中，她的成長充滿了血淚。然而，她沒有讓這些外在的痛苦，擊敗她內在奮鬥的精神，她昂首面對，迎向一切的不可能，終於獲得了加州大學藝術博士學位。

她用她的手當畫筆，以色彩告訴人「寰宇之力與美」，並且燦爛地「活出生命的色彩」。全場的學生都被她不能控制自如的肢體動作震懾住了。這是一場傾倒生命、與生命相遇的演講會。

「請問黃博士，」一個學生小聲地問：「你從小就長成這個樣子，請問你怎麼看你自己？你都沒有怨恨嗎？」

「我怎麼看自己？」美廉用粉筆在黑板上重重的寫下這幾個字。她寫字時，用力極猛，有力透紙背的氣勢，寫完這個問題，她停下筆來，歪著頭，回頭看著發問的同學，然後嫣然一笑，回過頭來，在黑板上龍飛鳳舞地寫了起來：「我好可愛！」

忽然，教室內一片鴉雀無聲，沒有人敢講話。她回過頭來定定地看著大家，再回過頭去，在黑板上寫下了她的結論：「我只看我所有的，不看我所沒有的。」

掌聲在學生們中響起，看著黃美廉傾斜著身子站在臺上，滿足的笑容，從她的嘴角蕩漾開來，眼睛瞇得更小了，有一種永遠也不被擊敗的傲然寫在她臉上。

【人生感悟】

世界上沒有兩片相同的葉子。在全世界六十億人口中，與眾不同、獨一無二的就是你自己本身。人生只有一次，一個人的生命也只能有一次，這種無法複製的獨特性，對成功而言是很重要的。

故事3

相信自己是第一

基安勒很小的時候隨父母從義大利搬到了美國，在汽車城底特律度過了悲慘的童年，痛苦和自卑成為他的不良印痕。他那碌碌無為的父親告訴他：「認命吧，你將一事無成。」這個說法令他沮喪，他老是想著自己苦悶的前程。

有一天，母親告訴他：「世界上沒有誰跟你一樣，你是獨一無二的。」從此，他燃起了希望之火，他認定他是第一，沒人比得上他。自信奠定了成功基礎，他第一次去應聘時，這家公司的秘書要他的名片，他遞上一張黑桃Ａ。結果立刻得到面試的機會。

經理問他：「你是黑桃Ａ？」

「是的。」他說。

「為什麼是黑桃Ａ？」

「因為A代表第一，而我剛好是第一。」

這樣，他被錄用了。

想知道後來的基安勒嗎？他成功了。真的成了世界第一。他一年推銷一千四百二十五輛車，創造了金氏紀錄。

怎麼樣？第一的威力厲害吧？基安勒每天臨睡前都要重複幾遍對自己說：「我是第一。」然後才入睡。這種鼓舞性的暗示堅定了他的信心和勇氣，他的個性得到了有力的強化。

【人生感悟】

你一定要學學基安勒，相信自己是第一。一個連自己都不相信的人能指望別人相信你嗎？鼓舞你的人恰恰是你自己。

哲理 3

聽命於心，不做環境的奴隸

*

一個自立的人決不會成為環境的奴隸；他生來就應該創造自己生存的環境，改變這個環境。也只有這樣的人，才能夠改變命運取得成功。

【哲理點燈】

任何事情都不會無緣無故地光臨我們頭上，我們事業成敗與否的關鍵原因在於我們的思想，我們的心態創造我們成功或失敗的條件。我們工作的效果是與我們思想的性質，與我們慣常的心態相一致的。為了有所成就，思想必須保持在一種積極的、富有創造性的狀態中。混亂、擔憂、沮喪和絕望的心態迅速使人變得消極起來，並會給我們製造許多心理、思想上的敵人，而這些心理、思想上的敵人將嚴重阻礙我們走向成功和幸福。

我們的思想宛如我們的僕人。我們對它們有什麼希冀和要求，它們就會滿足我們的希冀和要求。如果我們信任它們，依靠它們，它們就會給我們最好的回報。如果我們擔憂害怕，它們也會擔憂和害怕。

消極被動的人總是等待事情的發生。他們覺得某些事情無論如何也會發生。他們對此無能為力，不可能改變這些事情發生的局面。

世界上最有成就的人，其心態總是積極的，是創造力、進取精神在支撐和構造著所有成就的。一個強健、充滿活力的人總是創造條件使心中的願望實現，他總是主動地推動事情的發生、發展。

遺憾的是，生活中有許多積極主動的人因為自信心的毀滅，而變得消極被動起來，他們逐漸地對自己失去了信心。也許這開始於其他人暗示他們的無能，也許這開始於他們不能取得預期中的成就，或者也許開始於他們工作中受到挫折，從而認為自己不能勝任他們的本職工作。很快，由於這種微妙的心理暗示作用，他們的創新精神就遭到極大的削弱，他們就再也不像以前那樣滿腔熱忱、勁頭十足地去從事任何事情了。他們就逐漸失去了大刀闊斧、雷厲風行地果斷處理一切事情的能力，他們很快就會對一些重大事情變得畏首畏尾，不敢作出決定。他們的思想很快就會變得動搖起來。因而，他們就不會像以前那樣成為領導者而成為追隨者。

我們對完成全身心投入的事情的期待和決心，給我們提供了一副應該努力在現實生活中將它再現出來的圖案或一個工作模型。這是人們心中的圖案，這種圖案將被富於創造力的人們當做他們的創造模型。

懷有偉大的期待和決意要達到目標的人，是絕不會在意成功路上的障礙的。因為憑著他的決心，總能除掉成功路上的許多「敵人」。而這些「敵人」往往使那些意志薄弱的人栽跟頭。

例如，如果我堅持認為和肯定我是一個無足輕重的小人物，我是「一個塵世上的可憐蟲」，我不如其他人，那麼，一段時間以後，我就會真的開始相信這一切。一種根深蒂固的認可就會「登記註冊」在我的潛意識中。然後，我的「思想機械」就開始複製這種「無足輕重的小人物」圖案。如果我流露出自己有不足的思想和自己有欠缺的思想，如果我流露出自己無能的思想，那麼，這種圖案就會理所當然地被編織進我的生活中，然後，我就會在我的生活中表現出我的弱點、失敗和貧困。

【故事開智】

故事1

燒窯老人的啟迪

大學剛畢業時，小張奔走數日，也沒有找到一個工作，心情鬱悶極了。那日，雨水淅瀝地洗刷著他的心靈，他漫無目的的走上了鄉間的小路。

當他來到一座土窯前時，看到燒窯的那位老人，眉都沒皺一下便掄起一根鐵棍，將一大批剛剛出窯的各式各樣的瓦罐全部打碎。

「為什麼將它們全部打碎了呢？」他不解地問。

老人不緊不慢地說：「火候沒掌握好，都有一點兒小毛病。」

他惋惜道：「可是你已經花費了許多的心血啊！」

老人長吁了一口氣道：「那倒是，可我相信下一爐會燒的更好些。」老人堅定的口氣裏，透著十二分的自信。

老人再次從頭開始，在霏霏的雨絲中，認真地、一點一點地做起泥坯。他那堅決的、成功在握的從容自若，深深地打動了小張——是啊，瓦罐都打碎了又怎樣呢？只要執著的信心不被打碎，就不愁做不出更加滿意的瓦罐。

似乎看到了雨後初晴的彩虹，他掃淨內心的陰霾，不管前面的路是否荊棘叢生，他下定決心，一定要闖出一條路。

數年後，他擁有了一家不小的公司。那一日，他找回了他的信心，也最終成就了他的事業。

【人生感悟】

曾處逆境中的人們，無論你陷於何種窮困的境地，一定要保持你那可貴的自信心！你那高昂的頭，無論如何不能被窮困壓下去，你那堅決的心，無論如何不能在惡劣的環境下屈服。你要成為環境的主人，而不是環境的奴隸。也許前面重山疊嶂，但只要翻過去，就是一條寬敞筆直的康莊大道！

故事2

信任自己心靈的力量

海倫剛出生時，是個正常的嬰孩，能看、能聽，也會咿呀學語。可是，一場疾病使她變成又瞎又聾的小啞巴——那時她才十九個月大。

生理的劇變，令小海倫性情大變。稍不順心，她便會亂敲亂打，野蠻地用雙手抓食物塞入口裏；若試圖去糾正她，她就會在地上打滾，亂嚷亂叫，簡直是個十惡不赦的「小暴君」。父母在絕望之餘，只好將她送至波士頓的一所盲人學校，特別聘請一位老師照顧她。

所幸的是，小海倫在黑暗的悲劇中遇到了一位偉大的光明天使——安妮．沙莉文女士。沙莉文也是位有著不幸經歷的女性。她十歲時，和弟弟兩人一起被送進麻省孤兒院，在孤兒院的悲慘生活中長大。

由於房間不夠，幼小的姐弟倆只好住進放置屍體的太平間。在衛生條件極差又貧困的環境中，幼小的弟弟六個月後就夭折了。她也在十四歲得了眼疾，幾乎失明。後來，她被送到帕金斯盲人學校學習凸字和指語法，因此後來得以作海倫的家庭教師。

從此，沙莉文女士與這個蒙受三重痛苦的女孩的「鬥爭」開始了。洗臉、梳頭、用刀叉吃飯都必須一邊和她「格鬥」一邊教她。固執己見的海倫以哭喊、怪叫等方式反抗著嚴格的教育。然而最終，沙莉文女士究竟是如何用一個月的時間，就和生活在完全黑暗、絕對沉默世界裏的海倫達到溝通的呢？

答案是這樣的：自我成功與重塑命運的工具是相同的——信心與愛心。

關於這件事，在海倫．凱勒所著的《我的一生》一書中，有感人肺腑的深刻描寫：

一位年輕的復明者，沒有多少「教學經驗」，將無比的愛心與驚人的信心，灌注入一位全聾全啞的小女孩身上——先通過潛意識的溝通，靠著身體的接觸，為她們的心靈搭起一座橋。接著，自信與自愛在小海倫的心裏產生，把她從痛苦的孤獨地獄中拯救出來，通過自我奮發，將潛意識那無限能量發揮，走向光明。

就是如此：兩人手攜手，心連心，用愛心和信心作為「藥方」，經過一段不足為外人道的掙扎，喚醒了海倫那沉睡的意識力量，一位既聾又啞且盲的少女，初次領悟到語言的喜悅時，那種令人感動的情景，實在難用筆述。

海倫曾寫道：「在我初次領悟到語言存在的那天晚上，我躺在床上，興奮不已，那是我第一次希望天亮——我想，再沒其他人可以感覺到我當時的喜悅吧！」

仍然是失明，仍然是瞎眼的海倫，憑著觸覺——指尖去代替眼和耳——學會了與外界溝通。她剛剛十多歲，名字已傳遍全美，成為殘疾人士的模範。

一八九三年五月八日，是海倫最開心的一天，這也是電話發明者貝爾博士值得紀念的日子。貝爾博士這位成功人士在這一日，成立了他那著名的國際聾人教育基金會，而為會址奠基的正是十三歲的小海倫。

若說小海倫沒有自卑感，那是不確切的。幸運的是，她自小就在心底裏樹起了顛撲不滅的信心，完成了對自卑的超越。

小海倫成名後，並未因此而自滿，她繼續孜孜不倦地接受教育。一九〇〇年，這個學習了指語法、凸字及發音，並通過這些手段獲得知識的二十歲的女孩，進入了哈佛大學拉德克利夫學院學習。

她說出的第一句話是：「我已經不是啞巴了！」她發覺自己的努力沒有白費，興奮異常，不斷地重複說：「我已經不是啞巴了！」四年後，她作為世界上第一個受到大學教育的盲聾啞人，以優異的成績畢業。

海倫不僅學會了說話，還學會了用打字機著書和寫稿。她雖然是位盲人，但讀過的書卻很多。而且，她著作了七本書；比一般「正常人」更會鑒賞音樂。

海倫的觸覺極為敏銳，只需用手指頭輕輕地放在對方的唇上，就能知道對方在說什麼；把手放在鋼琴、小提琴的木質部分，就能「鑒賞」音樂。她能以收音機和音箱的振動來辨明聲音，又能夠利用手指輕輕地碰觸對方的喉嚨來「聽歌」。

如果你和海倫．凱勒握過手，五年後你們再見面握手時，她也能憑著握手來認出你，知道你是美麗的、強壯的、體弱的、滑稽的、爽朗的或者是滿腹牢騷的人。

這個克服了常人「無法克服」的殘疾的「造命人」，其事蹟在全世界引起了震驚和讚賞。她大學畢業那年，人們在聖路易博覽會上設立了「海倫．凱勒日」。她始終對生命充滿信心，對事業充滿熱忱。她喜歡游泳、划船以及在森林中騎馬。她喜歡下棋和用撲克牌算命；在下雨的日子，就以編織來消磨時間。

海倫．凱勒憑著她那堅強的信念，終於戰勝自己，體現了自身價值。她雖然沒有發大財，也沒有成為政界偉人，但是，她在人生事業中所獲得的成就比富人、政客還要大。

第二次世界大戰後，她在歐洲、亞洲、非洲各地巡迴演講，喚起了社會大眾對殘疾人的注意，被《大英百科全書》稱頌為有史以來殘疾人士最有成就的代表人物。

【人生感悟】

一個不「信任」自己「心靈」力量的人，就不懂愛護自己，就不能推己及人，縱然耳能聽目能見，也不會有什麼成就。身受盲、聾、啞三重痛苦，卻能向全世界投射出光明的海倫·凱勒的成功事蹟，說明了自立人生的深刻道理：當我們身處逆境時，如果心存疑惑，就會失敗；反之，相信勝利，必定成功。

故事3

相信自己

一個經理，他把全部財產投資在一種小型製造業上。由於世界大戰爆發，他無法取得他的工廠所需要的原料，因此只好宣告破產。金錢的喪失，使他大為沮喪。於是，他離開妻子兒女，成為一名流浪漢。他對於這些損失無法忘懷，而且越來越難過。到最後，甚至想要跳湖自殺。

一個偶然的機會，他看到了一本名為《自信心》的書。這本書給他帶來勇氣和希望，他決定找到這本書的作者，請作者幫助他再度站起來。

當他找到作者，說完他的故事後，那位作者卻對他說：「我已經以極大的興趣聽完了你的故事，我希望我能對你有所幫助，但事實上，我卻絕無能力幫助你。」

他的臉立刻變得蒼白。他低下頭，喃喃地說道：「這下子完蛋了。」

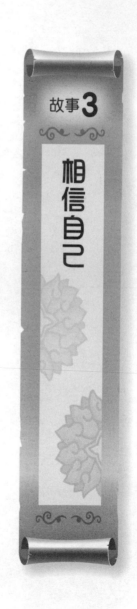

作者停了幾秒鐘，然後說道：「雖然我沒有辦法幫助你，但我可以介紹你去見一個人，他可以幫助你東山再起。」

剛說完這幾句話，流浪漢立刻跳了起來，抓住作者的手，說道：「看在老天爺的份上，請帶我去見這個人。」

於是，作者把他帶到一面高大的鏡子面前，用手指著鏡子說：

「我介紹的就是這個人。在這世界上，只有這個人能夠使你東山再起。除非坐下來，徹底認識這個人，否則，你只能跳到密西根湖裏。因為在你對這個人作充分的認識之前，對於你自己或這個世界來說，你都將是個沒有任何價值的廢物。」

他朝著鏡子向前走幾步，用手摸摸他長滿鬍鬚的臉孔，對著鏡子裏的人從頭到腳打量了幾分鐘，然後退幾步，低下頭，開始哭泣起來。

幾天後，作者在街上碰見了這個人，幾乎認不出來了。他的步伐輕快有力，頭抬得高高的。他從頭到腳打扮一新，看來是很成功的樣子。

「那一天我離開你的辦公室時，還只是一個流浪漢。我對著鏡子找到了我的自信。現在我找到了一份年薪三千美元的工作。我的老闆先預支一部分錢給我家人。我現在又走上成功之路了。」他還風趣地對作者說：「我正要前去告訴你，將來有一天，我還要再去拜訪你。我將帶一張支票，簽好字，收款人是你，金額是空白的，由你填上數字。因為你介紹我認識了自己，幸好你要我站在那面大鏡子前，把真正的我指給我看。」

【人生感悟】

具有強烈自信心的人，是生活中的強者。因為他們從小養成了一種良好的自信的心理習慣。這種心理習慣，使他們能充分相信自己，能夠承受各種考驗、挫折和失敗，敢於去爭取最後的勝利。這種自信心，使他們一輩子受用不盡。

哲理

4

認為你能，就沒有什麼不可能

*

這個世界給了每個人機會，鼓勵每個人成功。但並不是每個人都能抓住這些機會，因為他們根本沒有準備好或者不敢進行一次挑戰自我的嘗試。

【哲理點燈】

「準備好了嗎？時刻準備著。」這也是成功者的隊歌。只有準備好柴薪的人，機會才能成為火種；只有準備好行囊的人，機會才能成為導引。

許多工作，我們初試的時候，會感到困難無比，但是只要咬緊牙根地堅持下去，不久後，也能應付自如。相反地，那些過不了第一關的人，只好帶著懷疑、怯懦和羡慕的眼光，永遠站在門外張望了。

敢於迎接挑戰是通向成功的敲門磚，當挑戰出現的時候，接受它，就等於接受了希望；躲避它，你失去的不僅僅是成功的機會，更有原本屬於你的成就。成功最需戰勝的挑戰對手就是自己。挑戰自我方能超越自我。這是自立自強，走向成功最需要的準備。挑戰自我首先應當自信自立，大膽嘗試，敢為天下先，爭做第一個做前鋒的人。

真正有作為、有魄力的成功者絕不是按部就班地取得的，他們善於抓住機會，先人一步大膽嘗試，這是自立、自信、自強、自助者應有的挑戰精神和膽識魄力。

機會可以使人一步登天，然而，它卻隱藏更深、更遠，更不易為常人發覺，這就要求有心人目光敏銳能近能遠，善於從蛛絲馬跡中洞悉機會的降臨，並敢於果斷地進行嘗試。

凡是眼光獨到的企業家對市場行情的「冷」和「熱」往往都有獨到的見解，因而能夠出人意料地「突然成功」。實際上，商情的「冷」和「熱」只是暫時的、相對的，隨著大環境的變化，兩者可以逆向轉化。成功是屬於最早嘗試的人，成功源於「冷」期而非「熱」期，機會往往隱藏於被常人忽視的「冷門之中」。

中國有句俗話：拉滿弓、射出箭，目標與你遙相對。處在自立狀態的人，你有權利和必要向著你的目標嘗試一把。至險方能達遠，臨絕方能登高。這不僅對個人如此，對企業來說也同樣如此。

【故事開智】

故事1 再困難的事都要去爭取

湯姆．鄧普賽生下來的時候，只有半隻腳和一隻畸形的右手。父母一直鼓勵著他，並且從來不讓他因為自己的殘疾而感到不安。結果是別的男孩能做的事他也能做，如果童子軍團行軍十里，湯姆也同樣走完十里。

後來他要踢足球，他發現，他能把球踢得比任何在一起玩的男孩子遠。他要人為他專門設計一隻鞋子，參加了踢球測驗，並且得到了衝鋒隊的一份合約。

但是教練卻婉轉地告訴他，說他「不具有做職業足球員的條件」，請他去試試其他的運動。最後，他申請加入紐奧爾良聖徒球隊，並且請求給他一次機會。

教練雖然心存懷疑，但是看到這個男孩這麼自信，對他有了好感，因此就收下了他。

兩個星期後，教練對他的好感更深，因為，他在一次友誼賽中踢出五十五碼遠得分。這種情形使他獲得了專為聖徒隊踢球的工作，而且在那一季中為他的隊贏得了九十九分。

然後到了最偉大的時刻，球場上坐滿了六萬多名球迷。球是在廿八碼線上，比賽只剩下了幾秒鐘，球隊把球推進到四十五碼線上，但是根本就可以說沒有時間了。

「鄧普賽，進場踢球。」教練大聲說。

當湯姆進場的時候，他知道他的隊距離得分線有五十五碼遠。由巴爾的摩雄馬隊畢特．瑞奇踢出來的。

球傳接得很好，鄧普賽一腳全力踢在球身上，球筆直地前進。但是踢得夠遠嗎？六萬多名球迷屏住氣觀看，接著，終端得分線上的裁判舉起了雙手，表示得了三分，球在球門橫桿之上幾英寸的地方越過，湯姆所在的隊以十九比十七獲勝。球迷狂呼亂叫，為踢得最遠的一球而興奮，這是只有半隻腳和一隻畸形的手的球員踢出來的！

「真是難以相信。」有人大聲叫，但是鄧普賽只是微笑。他想起他的父母，他們一直告訴他的是他能做什麼，而不是他不能做什麼。在他的印象裏，沒有什麼是不能做的。

【人生感悟】

做事之前就先把自己否定了，等於自己先打敗了自己。如果總是抱著「這根本不可能辦到」的想法，那任何事情永遠都不會成功。反之，碰到事情總是儘量去努力完成，再困難的事情也會有成功的希望。不要消極地認定什麼事情是不可能的。

故事2

有決心就一定會實現目標

考古學家謝利曼年輕時在公司任職，有了經濟基礎以後便向敏娜求婚，不料敏娜早已和別人訂婚。這是他一生中不能挽回的失敗。之後，他便積極從事貿易，更加努力研究語言學，為發掘特洛伊遺跡而日夜工作。

他在經商貿易中獲得大筆盈餘，業務蒸蒸日上，不久便成為著名的大富翁。但他不因此稍有懈怠，反而更勤奮地學習古希臘和拉丁語，為實現其少年時代之夢想全力以赴。

四十二歲時，對於發掘特洛伊遺跡的準備工作已大致完成。他說：

「一八六〇年我所擁有的財富，已經無比豐厚，表示我從少年時一直夢想得到的果實已經成熟了。回想經商之初，生活雖然忙碌緊張，卻一刻也不曾忘記特洛伊遺跡，我有決心一定會達成目標。三十多年來，對父親和敏娜發過的誓言，不久之後將會兌現。」

「過去致力於累積財富，以作為實現美夢的基礎，現在金錢財力已不成問題，目標儼然近在眼前，所有的血汗將不會白流。對於經商貿易我將不再多費心力，我將把後半輩子投入使美夢成真的行動中。」謝利曼無比激動地說：「要下這樣的決心，所遭遇的困難簡直是一言難盡，雖然一次又一次遭受失敗的打擊，但我，總是咬緊牙關去克服，盼望早日達到目標，完成我用一生作賭注的偉大理想。」

謝利曼終於成功了，米凱那遺跡被挖掘出土，對世界考古學做出了輝煌的貢獻。

【人生感悟】

具有鍥而不捨的決心，是達到人生目標必不可少的條件。在人生追求的道路上到處充滿了挫折和困難，只有堅如磐石的決心，才能夠提供源源不斷的動力，才可以衝破人生路上的荊棘叢林，從而走向勝利，走向輝煌。

哲理

5

逆境是對自立者的磨礪

挫折並不可怕，人生中每個人都會不停地面對挫折。堅強的人會在挫折中看到機會，會在挫折中自我礪煉。挫折給予自立者的是成長的動力。

【哲理點燈】

風風雨雨，人生路上，幾番波折，幾番迷濛，幾番行色仍匆匆。年輕的生命，就像春天的草木，抱著理想，抱著希望，洋溢著青春的活力。只是有的由於骨子太嫩，腦子太稚，還不能經得起風雨的吹折。最能壯行者，唯有人生的風風雨雨。

試想，要是自然界沒有風雨，也許所有樹木都是軟木質的；要是生活中沒有坎坷、挫折，任何人都不會擁有剛強的性格。正是風雨。培育了許許多多的棟梁；正是坎坷、挫折，造就了堪當重任的強者。

人生的強者都是從風雨中走出來的。

透過風雨中迷濛的霧靄，能看得到成功和幸福的折光在哪裡閃爍。人生的風雨其實是一種跋涉於泥淖之中的境遇。

車爾尼雪夫斯基曾說過：「歷史的道路不是涅瓦大街上的人行道，它完全是在田野中前進的，有時穿過塵埃，有時穿過泥濘，有時橫渡沼澤，有時荊棘叢生。」

人在事業上的奮鬥道路也並不總是灑滿陽光、充滿詩意，常常也會遇上沼澤、寒風或面臨荊棘叢生的小道。

一時陷入逆境，應該是現代人生的一個必修課題。也許你一心報國而傷身毀容，卻遭女友的絕情遺棄；或者屢考大學不就，招來周圍的閒言碎語。也許你呻吟床褥，病魔纏身，陷在深深的孤獨之中；或者思改前咎，奮力向前，不僅不為人所理解，反遭冷落挖苦。也許你叛逆舊的生活方式，向惡習舊俗挑戰，一時得不到安慰和支持；或者身遭陷害，命運莫測，受盡委屈。此外，經濟的拮据，錯誤的處置，意外的不幸，一時的誤解，都可能使你處於一時的不幸之中。

事業上的逆境是一部深奧豐富的人生教科書。它吞噬意志薄弱的失敗者，而常常造就毅力超群的成功者。司馬遷「出於糞土之中而不辭」，發憤著述，終於寫成《史記》這樣的曠古之作。貝多芬的數部交響曲，都是用理智戰勝情感，忍受著失戀的傷痛，靠著對事業追求不息的生命支撐點譜寫而成。

安徒生一貧如洗，全家人睡在一個擱棺材的木架上，常常流浪在哥本哈根的街頭巷尾，卻成為世界文壇的名流豪傑。英國物理學家法拉第出身貧寒，當過學徒賣過報，吃了上頓沒下頓，但卻百折不撓，創立了電磁感應定律，為人類敲開了電氣時代的大門。

逆境並非絕境，在人類歷史的長河中，具有「坦途在前，人又何必因為一點小障礙而不走路」這樣的豪邁氣派，為科學和文明作出貢獻的前驅者可謂滿目皆是。

首先，**逆境可以使人擁有「時間優勢」**，能集中精力去實現自己的追求。處於順境的人，往往應酬八方，事務羈身，不免雜事相擾，難以排除無效時間，降低時間效率。相比而言，身處逆境卻有「時間優勢」，置世態炎涼、人情暖冷於不顧，集中精力，數年如一地進行思索追求。

而且，逆境還往往能使人更加深刻理解時間的價值和意義，更好地珍惜利用。逆境能激起人掙脫與挑戰的緊迫感。一個人如想儘快擺脫事業上的逆境，往往會最大限度地激發出平時蓄積的生命潛能，加快生活節奏，增強「潛能散發效應」，努力提高學習與工作效率。

其次，**逆境可以使人產生清醒的自我意識**。一個人對自我的行為進行反思往往需要時間與環境，在逆境中，人常常能「冷眼看世界」，相對比較冷靜，會比較客觀地分析自己的利弊長短、成敗得失、優勢和不足，並能夠在較短的時間裏選定聚焦突破的方向。已經付了的「學費」，比較容易轉化成對生活理解的真知灼見。因此，逆境是一所學校，它教人聰明，給人學問。身處逆境而能認真總結生命的足跡，可以縮短主客體相適應的時間。

再則，**逆境能培養人難能可貴的意志力量**。長期的逆境生活可以錘煉人不舍之功的長期性，凝就毅力的持久性，培育出耐心、恆心、韌性和悟性。在事業的搏擊中，往往毅力比智力更寶貴。「鍥而不捨，金石可鏤」，「飛瀑之下，必有深潭」，事業的成功只有持之以恆，窮追不捨才能獲得，而功在不舍。不舍的精神，常常在逆境的磨煉中才能造就。身處逆境者應該時時想到，思想的波濤已到了懸崖三分之一上，再前進一步，就會變成宏偉壯觀的瀑布，以此不斷自勵，終能迎來光明的未來。

此外，**逆境還能加快人的各種必備素質重新組合的速度**。作為一個現代人，應該具備自信性、自主性、決斷性、創造性等素質，在逆境的條件下，這些素質都會一個接一個對身處逆境者提出挑戰，進行考驗。

如何超越歷史的陳跡、超越環境的束縛、超越社會的不如人意處、超越自身的弱點等，這些人生的價值選擇都必須讓你面對，需要你在孤獨的沉思中作出判斷抉擇。因此逆境不僅能培養出人的各種素質，而且能使現代人的素質和重新組合速度加快，並產生新的素質組合的合力。

【故事開智】

故事1

自立者不懼一千多次的拒絕

桑德斯上校是「肯德基炸雞」連鎖店的創辦人，他在年齡高達六十五歲時才開始從事這個事業。因為他身無分文且孑然一身，當他拿到生平第一張救濟金支票時，金額只有一百零五美元。內心實在是極度沮喪。但他不怪這個社會，而是心平氣和地自問：「到底我對人們能做出何種貢獻呢？我有什麼可以回饋的呢？」隨之，他便思量起自己的所有，試圖找出可為之處。

頭一個浮上他心頭的答案是：「我擁有一份人人都會喜歡的炸雞秘方，不知道餐館要不要？我這麼做是否划算？」隨即他又想到：「如果僅僅是賣掉這份秘方，所賺的錢還不夠自己付房租！不應當僅僅是簡單地賣掉這份秘方，如果餐館生意因此提升的話，如果上門的顧客增加，且指名要點炸雞的話，我應當從餐館中得到收益的提成。」

好點子固然人人都會有，但桑德斯上校就跟大多數人不一樣，他不但會想，而且還將自己的想法付諸行動。隨之，他便開始挨家挨戶的敲門，把想法告訴每家餐館：「我有一份上好的炸雞秘方，如果你能採用，相信生意一定能夠提升，而我希望能從增加的營業額裏抽成。」

很多人都當面嘲笑他：「得了吧，老傢伙，若是有這麼好的秘方，你幹嘛還穿著這麼可笑的白色服裝？」這些話絲毫沒有讓桑德斯上校打退堂鼓，他從不為前一家餐館的拒絕而懊惱，反倒用心修正說詞，以更有效的方法去說服下一家餐館。

桑德斯上校的點子最終被接受，你可知先前他被拒絕了多少次嗎？整整一千零九次之後，他才聽到第一聲「同意」。在過去兩年時間裏，他駕著自己那輛又舊又破的老爺車，足跡遍及美國每一個角落。睏了就和衣睡在後座，醒來逢人便訴說他那些點子。他為人示範所炸的雞肉，經常就是果腹的餐點，往往匆匆便解決了一頓。

歷經一千零九次的拒絕。整整兩年的時間，有多少人還能夠鍥而不捨地繼續下去呢？真是少之又少了，也無怪乎世上只有一位桑德斯上校。我們相信很難有幾個人能受得了二十次的拒絕，更別說一百次或一千次的拒絕。然而這也就是成功的可貴之處。

【人生感悟】

努力去追求所企望的目標，最終必然會得到自己所要的，可千萬別在中途便放棄希望。這句話說來簡單，但相信每個人一定會從內心同意，就從今天起拿出必要的行動，哪怕那只是小小的一步。

故事2

自立者總是從逆境中奮起

一九五八年，陳聖澤離開廣東故鄉來香港闖天下時，年僅十二歲。

抵涉香港後，陳聖澤經親友輾轉介紹，在一間小型的手飾工廠當學徒，想不到，他的第一份職業，竟也是他終身的職業。一九六三年，陳聖澤儲蓄數千元，便離開首飾工廠自闖天下。他找了一間不到二十坪的房間，請了一位學徒，便做起家庭首飾加工業，替客戶加工鑽石及設計首飾。為了節省成本，食、宿也是在工廠裏，那時，陳聖澤這位老闆，年僅十八歲。

雖然陳聖澤雄心勃勃地要創業，但由於缺乏資金周轉，客戶又不足，以及缺乏管理經驗，屢戰屢敗。工廠雖然一度聘請了十個工人，但是在一兩年間，最終仍是「全軍覆沒」——所有資金虧蝕淨盡。不過，在「嘗試成功」的歷程中，陳聖澤卻積累了很多寶貴經驗。

資本虧蝕淨盡之後，陳聖澤並不氣餒，「休養生息」之後，他又「重整旗鼓」。這一次他向熟朋友借了一萬多元，重設首飾工廠，像「草履蟲」一樣，慢慢地摸索前進。

由於感到業務沒有突破，他腦海中忽然泛起了一個念頭，決定到國外闖一闖，汲取先進國家珠寶業的優點，以改良自己的生產方式。主意立定之後，陳聖澤把公司留給太太及助手打理，自己則「前路茫茫」地跑往美國碰機會。

陳聖澤驕傲地描述當年明智的決定：「當年到了美國之後，便翻查當地最大的珠寶首飾工廠的名字，並毛遂自薦，經過即席的表演技藝之後，我進入美國一家首飾工廠工作，在那裏學習了一年，首次接觸到先進國家的作業過程，又瞭解到美國珠寶首飾的要求，最重要的是對自己的創作意念有所啟發，給我後來的成功奠下了基礎。」

回港後，陳聖澤計畫大展身手。但資金不足，忽然發覺免稅店有意請他管理一個珠寶加工部門，薪酬出得很高，陳聖澤便決定試一試，看看自己的實力，亦希望借此得到一筆資金發展。通過面試，他順利進入該店，並且一做就是幾年。

一九七五年，陳聖澤離開了免稅店，用數萬元資本開辦了恆和珠寶公司，頭六個月只有二十個人，他引入美國的「流水作業」生產方式，並取消學徒制度，以分工制度自行訓練學徒，大大縮短了訓練學徒的時間，令生產效率大為提高。

有了資金及經驗後，當然要靠點運氣，一天，他在美國的珠寶公司舊雇主參觀他的工廠，並願意交給他一些珠寶加工生意。如此，陳聖澤在珠寶行業站穩了陣腳。由於訂單日增，一年之內，員工數猛增至百多人。一年半後，再增至三百人。到一九七六年，已經穩坐香港珠寶首飾出口美國市場的第一把交椅。

【人生感悟】

陳聖澤發跡了，而正是他的這種從失敗中奮起的精神，給了他成功的力量和源泉，他的成功是必然的。處在逆境時，有的人會為了想脫離逆境而奮鬥，有的人卻會為了無法克服逆境而墮落下去。當然，能成功的一定是前者，自暴自棄毀滅自己的則是後者。

學習的哲理——厚積薄發，博專相宜

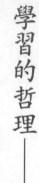

一個討厭學習的人，
無論他具有怎樣的身分，
都不會聰明到哪兒去。
因為，在這個世界上，
我們不瞭解的東西太多，不去學習，
你就永遠不知道自己有多麼無知。

——(中)趙元任

如果你認為我比別人更聰明一些，
那不過是書籍幫了我的忙。
如果你認為我比別人更愚蠢，
那是不愛學習對我報復的結果。

——(美)馬克・吐溫

廿一世紀是一個令人吃驚的、知識的激增和爆炸人類新時代。隨著時代的發展，知識更新的步伐愈來愈快。統計資料告訴我們：現在全世界每天發表包含新知識的論文已達一萬四千篇左右，平均每天有九百件專利問世，平均每分鐘就有一本新書出版。世界知識總量每五年左右就要翻一番，知識陳舊的週期大大縮短了。

對成功人士的奮鬥歷程的調查，給了我們這樣一個重要的啟迪：他們之所以成功，一個重要的特質就是，緊跟時代步伐，善於吐故納新，不斷地進行學習，汲收新知識。

在知識日新月異、競爭異常激烈的今天，如果我們不繼續學習，那就無法取得生活和工作的主動權，無法使自己適應急速變化的時代，不能搞好本職工作，甚至就有被淘汰的危險。

所以，我們要時時不忘學習，把學習作為人生的第一選擇。

讀書是獲取知識的一種重要的手段。讀書要廣涉群科、博採眾長。書籍浩如煙海，人生精力有限，不可能囊括所有知識，博覽也要區別對待，在廣博的基礎有所專長。廣博與專深二者並不矛盾，而是相互聯繫的，是不可分割的兩個方面。因此，我們對知識的學習，要力求做到廣博與長深的統一。

哲理

1

把學習作為生命的一部分

那些把學習作為生命一部分，生命不息學習不止的人，永遠擁有一顆活躍的心。他們不僅可以在事業上永遠前進，而且在生活的其他領域也會永保青春。

【哲理點燈】

學習，不論是對我們個人，或是身為社會的一分子來說，都是非常重要的事。學習是輸入，而成就則是輸出。如果一個人沒有源源不斷輸入的養分，或不利用所擁有的知識而有所成就的話，他的心智就會停滯不前。這樣的停滯，不僅對個人生涯的評估與前景來說很危險，對整體社會而言，更是一種浪費。

六歲時就有畫技精湛之譽的日本天才版畫家北齊先生，是個以「終生學習」為志向的典範。儘管自幼年起，外界即對他褒揚不斷，但他卻一直到七十歲時，才對自己的畫技稍感滿意。那時他曾經展望未來，預測自己在不斷的學習之後，八十歲時作品才可稱為成熟，一百歲時大放光芒。儘管他逝於一八四九年，年近九十，未能完成百歲心願，但他卻始終相信，通過不斷的學習，個人的作品將越來越具有深意與可看性，最好的還在後面。

對於學習，我們永遠都沒有畢業的一天，「活到老，學到老。」只有不斷地學習、實踐，不斷地充實自己，我們才不會被社會淘汰。

埃里克·霍弗曾經說過，「在劇變時代，善於學習的人將繼承未來。有學問的人將會發現，他們為生存其中而進行了準備的世界已經不存在了。」

那些高校畢業的學生，他們用了十幾年甚至長達二十年時間從書本中學習知識，但到了社會上，他們依然可能失敗。因為日月在更替，世界在變化，知識在更新，書本上的東西已經不能滿足需要，如果想要生存下去，就必須繼續學習。

專家研究顯示，生活要樂趣盎然，就得不斷地改善生活品質與內涵。而改善生活品質最佳、最簡便的方法，莫過於通過學習，增加身心認知的複雜性與多樣性。

個人的身心有提供不計其數樂趣的潛能，但大多數的人都未能充分開發：很少人走路能像舞者那樣的優雅，看東西像藝術家、建築師那樣慧眼獨具，吃東西時像美食家那樣細緻品嘗，思考時像哲學家那樣的深邃。但通過學習，我們卻能夠一步步地，磨銳我們的五官，淬煉我們的心智，增進、豐富我們的生活內涵，在逐步深化我們的認知與能力的同時，將體能與智力發揮到極致，使我們不枉此生。

【故事開智】

故事1

讀書使他獲得了新生

二戰時期，當日軍在馬尼拉登陸時，菲律賓海軍的一名文職雇員被捕了。他被關進一個旅館，兩天後又被送往一個集中營，他叫哈蒙。

就在到達集中營的第一天，哈蒙看見一個枕頭底下有一本書。他向難友借了這本書，這本書叫做《思考致富》。

哈蒙閱讀此書之前，他的情緒很壞。他恐懼地想著在那個集中營裏可能遭受的折磨，甚至死亡。但是，當他讀了這本書後，他就為希望所鼓舞了。他渴望擁有這本書，讓它同自己一起去迎接前面那些可怕的日子。哈蒙在同難友討論《思考致富》中的問題時，意識到這本書將是他自己一生的巨大財富。

「讓我抄這本書吧！」他說。

「當然可以。你開始抄吧！」這是回答。哈蒙立即開始抄書。一字又一字，一頁又一頁，一章又一章，他緊張地寫著。他時刻陷在有可能隨時失去這本書的苦惱中，這本書會在任何時候被拿走，但這種苦惱激勵他日夜工作。

真是幸運，哈蒙在抄完這本書的最後一頁後不久，他就被轉移到臭名昭著的聖多．托瑪斯城集中營。哈蒙在三年零一個月的囚犯生活中，隨時都帶著這本書，把它讀了又讀。

這本書給了哈蒙豐富的精神食糧，鼓舞他生發鬥志，制定未來計畫。保持和增進心理和生理健康。哈蒙告訴我們：「我在離開聖多．托瑪斯時，比我做見習醫生時還要覺得好些。在那兒，我更好地為生活作了準備，心理上也更活躍些。」

【人生感悟】

在哈蒙的談話中，你可感受到他的一個重要思想：「成功必須不斷地學習實踐，即使在最困難的時候；否則它會長上翅膀，遠走高飛。」

故事2

學習永無止境

這是美國東部一所規模很大的大學畢業考試的最後一天。在一座教學樓前的階梯上，有一群機械系大四學生，他們顯然很有信心，這是最後一場考試，接著就是畢業典禮和找工作了。

有幾個人說，他們已經找到工作，其他的人則在討論他們想得到的工作。懷著對四年大學教育的肯定，他們覺得心理上早有準備，能征服外面的世界，他們對即將進行的考試認為是輕易的事情。教授說，他們可帶需要的教科書、參考書和筆記，只要求考試時他們不能彼此交頭接耳。

他們喜氣洋洋地走進教室。教授把考卷發下去，學生都眉開眼笑，因為學生們注意到只有五個論述題。

三個小時過去了，教授開始收集考卷。學生們似乎不再有信心，他們臉上有可怕的表情。沒有一個人說話，教授手裏拿著考卷，面對著全班同學。教授端詳著面前學生們擔憂的臉，問道：「有幾個人把五個問題全答完了？」

沒有人舉手。

「有幾個答完了四個？」

仍舊沒有人舉手。

「三個？兩個？」

學生們在座位上不安起來。

「那麼一個呢？一定有人做完了一個吧？」

全班學生仍保持沉默。

教授放下手中的考卷說：「這正是我預期的。我只是要加深你們的印象，即使你們已完成四年工程教育，但仍舊有許多有關工程的問題是你們不知道的。這些你們不能回答的問題在日常操作中是非常普遍的。」

於是教授帶著微笑說下去：「這個科目你們都會及格，但要記住，雖然你們是大學畢業生，但你們的教育才開始。」

時間消逝，這位教授的名字已經模糊，但他的訓誡卻不會模糊。

【人生感悟】

我們不能滿足於書本上的知識，以為天下的智慧都收錄在書中，其實完全不是那回事。即使是最優秀的大學生，在生活的教科書面前，也只是一個學齡前兒童。

故事3

刻苦求知的大學士

宋濂小時候特別喜歡看書，但因為家裏貧窮，無法買來書讀就每天向有藏書的人家借，把書抄錄下來，到期時歸還給人家。天氣寒冷的時候，墨汁都結成了冰，握筆的手指凍僵了，但他根本就沒有鬆懈過。抄完之後，跑著去送還，以免誤期。因為他守約，所以人們都願意把書借給他。這樣，他才能夠讀到不少書籍。

二十歲後，他很羨慕古代的聖賢，但沒有老師教誨，也沒有知名人士與他交流。為了學習聖賢之道，他只能拿著儒家經籍去百里外求教。到名人那裏求教，名人臉色並不寬和。宋濂遇到名人發脾氣時，就露出恭敬的臉色，不敢頂撞半句，等到名人高興起來了，再請教別的問題。

宋濂跟隨老師學習的時候，時常背著書籍，拖著鞋子，要經過深山大谷，凜冽的寒風把皮膚都吹裂了，數尺深的大雪有時連腳都拔不出來。回到家裏，四肢僵硬不能動彈，家人就用熱水慢慢擦洗，並用被子裹住他，很久才能暖和過來。

當時住在客棧裏，一天只吃兩餐，根本沒有鮮肥美味可以享受。同住的學子有的被子上都刺上了繡，又戴著珠寶、紅綢帶裝飾的帽子，腰間掛著白玉環、佩刀、香袋，光彩奪目。宋濂衣服僅僅能遮體而已，但他毫無羡慕豪華之意。

學問之中自然有讓人快樂的地方，物質的享受算不了什麼。就這樣，宋濂官至大學士、承旨知制誥，主修《元史》。

【人生感悟】

孔子曰：「十室之邑，必有忠信如丘者焉，不如丘之好學也。」好學就意味著不受學習時間、地點及外在物質條件的限制，而想方設法地學習，也只有這樣的人才能夠成就事業，而貪圖享受而一味埋怨學習條件的人，終難有所成就。

哲理

2

像採金一樣追求知識

金子是珍貴的物質，因為從勘察礦體，開採礦石，直到冶煉製作都需要付出艱苦的勞動。知識的獲取也同採金一樣，不付出艱苦的努力是不可能得到的。

【哲理點燈】

金子，這種珍貴的金屬總是小心翼翼地藏在地底下的細縫狹隙之中，使誰都難以尋找。你可以憑一時的熱情猛挖一陣，但常常是兩手空空。而只有當你歷盡艱辛開採不息的時候，興許有可能找到它的蛛絲馬跡。

獲取知識的情形與此非常相似。當你捧著一本好書的時候，你應當捫心自問：

「我該不該像一個礦工那樣工作呢？我的尖鎬利鏟都隨身帶好了嗎？我的幹勁是不是鼓得足足的？我的膽子是不是練得壯壯的？」

請你永遠保持這種英勇無畏的礦工精神吧。

儘管這意味著艱難困苦，但功夫不負苦心人，你夢寐以求的黃金就是作者在書中所表達的那些深刻的思想和他那淵博的學識。他書中的詞語就是含金的礦石，你只有將它們打碎並加以熔煉，才有可能化石為金。你的尖鎬利鏟則代表著嚴謹、勤奮和鑽研，而你的熔爐就是你那善於思索的大腦。

如果以為沒有這些工具，沒有這種熱情，就可以叩開出類拔萃的作者那扇智慧大門的話，那你就大錯特錯了。只有當你堅持不懈地進行艱苦卓絕的開採和冶煉時，你才有可能獲得一顆光彩奪目的金珠。

【故事開智】

故事1 達·文西刻苦畫雞蛋

在義大利文藝復興時期曾產生過許多畫家、雕刻家、建築家，而達·文西被認為是這個時代多才多藝學識淵博最傑出的「巨人」，他在許多領域都有發明創造。這樣一位偉大的先驅者，之所以能夠取得如此傑出的成就，與他在年輕時努力探求知識的習慣是分不開的。

達·文西的童年是在家鄉度過的，他從小勤奮好學，善於思考。他對繪畫有特別的愛好，也喜歡玩弄黏土做一些稀奇古怪的玩意兒。有一天，達·文西在一塊木板上畫了一些蝙蝠、蝴蝶、蚱蜢之類的小動物，他的父親看見了，覺得畫得不錯。為了培養他的興趣，父親送他到佛羅倫斯著名藝術家佛洛基阿的畫坊去學藝，那時，他正好十四歲。

佛洛基阿是一位富有經驗的畫師，對學生要求十分嚴格，他教達·文西的第一課就是畫雞蛋。從此，達·文西根據老師的要求，每天拿著雞蛋，一絲不苟地照著畫。過了一年，二年，達·文西有點不耐煩了。有一天，他實在忍不住了，便問道：「老師，為什麼老是讓我畫雞蛋呢？」

佛洛基阿聽了，耐心地對他說：「別以為畫雞蛋很簡單。很容易，要是這樣想就錯了。在一千個蛋當中，從來沒有兩顆形狀是完全相同的。即使是同一顆蛋，只要變換一個角度，形狀便立即不同了，如果要在畫紙上準確地把它表現出來，非要下一番苦功不可。多畫雞蛋，就是訓練眼睛去觀察形象，訓練得心應手地表現事物，等到手眼一致，那麼對任何形象都能應付自如了。繪畫，基本功是最重要的，你不要淺嘗輒止，要耐心地畫下去啊！」

達·文西點頭稱是，於是更加刻苦認真地畫起來。

這生動的一課，不僅為達·文西的繪畫藝術打下了扎實的基礎，而且對他以後鑽研多方面學問都很有啟迪。達·文西在此整整苦學十年，不但在藝術方面得到了良好的訓練，而且閱讀了很多書籍，在許多領域都打下了知識基礎。

【人生感悟】

達．文西曾在總結童年學畫的經驗時，告訴下一代藝術愛好者們說：「你們若想學得物體形態的知識，須由細節入手。第一階段尚未記牢，尚未練習純熟，切勿進入第二階段，否則就虛耗光陰，徒然延長了學習年限，切記，藝術靠勤奮，切勿貪圖捷徑。」

故事2 心理學家的建議

著名心理學家鈴木先生受到一家衣料公司的經理的邀請，到其工廠進行了一次演講活動。

那位經理在演講結束後熱忱地陪他參觀工廠，並真誠地問他：「鈴木先生，我的公司有三十多名手腳緩慢的工人，他們讓我非常頭疼，因為嚴重地影響了整體工作效率。您是否有辦法讓他們變得動作快一些呢？」

聽完經理的講述後，他說：「您講述的這件事情的真正原因，是由於工人們的腦子反應緩慢，手腳不夠快僅僅是個表面現象。」

經理顯得很驚訝，說：「實在太奇怪了，手腳不快的原因怎麼會和腦子有關呢？」

接著，鈴木先生把解決這個問題的方法告訴了他：

「剛才我在參觀的過程中，看見貴公司的一樓活動室有幾張乒乓球台。以後，您每天讓工人提前一個小時下班，讓他們學習打乒乓球，並專門聘請高水準的人來指導，這樣，您擔心的問題就能迎刃而解了。」

經理更加不明白：「什麼？提前下班豈不是減少了工作時間嗎？這麼一來，產量豈不是要繼續下降？」

他說：「您的最終目的是提高產量，而達到這個目的，並不需要控制工人的下班時間。現在，工人工作效率低的原因是他們的腦子反應太慢，並不是工作時間太少，所以，只要他們能更有效地提高工作效率，這可比加更多的班要好得多呀。」

經理似乎仍然沒有明白他的意思，莫名其妙地看著他。

見了他的樣子，鈴木先生於是作了進一步的解釋：「您應該知道，打乒乓球完全依靠反應。如果你等到乒乓球飛過來才開始做準備肯定已經來不及，所以對它必須提前做出判斷。假如打球者是一個大腦活動敏捷的人，就能夠很快地作出正確的判斷，手也能及時拍打飛過來的乒乓球；假如這個人大腦反應跟不上，僅僅是動手的話，那他完全不可能在很短的時間內準確地拍打球了。」

「工人工作和這個道理是一樣的。您所說的工人手腳太慢，我認為其中的原因就是運動神經不發達。我們觀察工作的程序會發現，一切都聽從著大腦的指揮，如果大腦不靈活，工人的工作效率一定不會提高。我鑒於這個原因，因此提出了這個建議：如果想讓工人的大腦得到訓練，只有通過讓他們打乒乓球的方法了。」

那位經理想了半天之後才恍然大悟，於是高興地接受了建議。半年之後兩人再次相遇，一見面經理就興致勃勃地說：

「鈴木先生，您的辦法真見效啊。工人們的乒乓球技術在半年之中得到了大大的提高，工作效率也隨之提高了，他們甚至還為此感謝我！他們說，我不僅縮短了他們的工作時間，還安排了一些有益的業餘活動，實在是個好老闆。看來，這個辦法真是兩全其美呀！」

其實，他早就預料到了這個結果。對工人們來說，下班之後打打乒乓球是一件有趣而有意義的事，他們喜歡這麼做，於是大腦也在不知不覺中變得靈敏活躍起來了。

人體的每個部分從科學的角度看都存在著相互聯繫，它們並非是各自獨立的，另外，它們全部聽從大腦的指揮。因此，大腦可以說是身體的核心部位。

【人生感悟】

能夠開發自我的大腦潛力的最有效手段就是：學習一些有意義的愛好，比如音樂、繪畫和詩歌等。我們不僅能從學習中增長知識，還能享受無窮的樂趣，獲取對生命和人生的感悟。

哲理

3

博學多才，才能成為優秀的人

英國劍橋大學動物病理學家貝弗里奇曾說：「多樣化會使人觀點新鮮，成功的科學家往往是興趣廣泛的人。他們的獨創精神可能來自他們的博學。」

【哲理點燈】

讀書需要廣涉群科，把知識的基礎打造得寬博扎實些。只有如此，才能適應現代社會對人才的要求，使自己的才能得到最有效的發揮。

無論是誰，如果不能用豐富的知識充實自己，都無法成為有傑出成就的偉人，更無法擁有完美、快樂的幸福生活。

古往今來，歷史上的許多偉人都具有非常廣博的知識。像文藝復興時期的大師達·文西，他雖然是以畫家的傑出成就流芳百世，但他同時還是一個傑出的建築家、科學家，而且他在繪畫之外也取得非常傑出的成就。此外還有愛因斯坦，這位我們非常熟悉的偉大的科學家，他同時也是非常優秀的小提琴演奏家。

二十世紀七〇年代初，美國曾對一百一十五個科研機構中的一千三百多名科學家進行過為期五年的調查，結論是通才取勝。

現代科學家是專才基礎上的通才。所謂「通才」，一般指的是學識廣博，具有多種才能的人。通才，不是全才，也不是在多學科上平均用力，而是以本學科為立足點、為根據地，同時對其他幾個學科也有所瞭解。科技工作者只有知識面寬廣，才富有觀察力和想像力，思考問題才有廣闊的背景。

辯證法歷來與思想僵化是完全對立的。在科學的分科越來越細的形勢下，我們不能做分科、分工的奴隸，而要做分科、分工的主人。我們的思想不能受學科劃分的局限，不能忘記學科之間的滲透、科學一體化的另一趨勢。

寬與窄是一對矛盾，是對立統一的關係。在寬與窄的矛盾中，我們不妨說知識面寬是個主要方面，但也不能片面地誇大，停留在泛泛地閱讀、泛泛地議論上。我們強調知識面寬是為了在思考問題、提出問題、研究問題中，背景廣闊，思路活；但在解決問題時，又要善於把問題控制在有限的範圍裏，集中力量，深入鑽研，攻取之。

對於思想方法正確的人來說，他是批判地博覽，力求保持獨立思考，避免因循守舊，用博覽啟發思想，博覽中注意研究、思考，就不會影響觀點的新鮮和獨創精神。

將知識基礎打得寬博扎實些，涉足多學科知識，走「通才」路，正是對現代人才的要求。唯如此，才有堅實的追求成功的後勁。

沒有綜合化，就不會產生偉大的文化和偉大的人物，這已是當代許多志士能人的共識。一個新型人才，就要有舉一反三的能力，具有擴大甚至轉換專業的適應性和靈活性，要有分析、綜合能力，能分清輕、重、緩、急的綜合能力，往往比分析能力更為重要。要能適應交叉性內容的工作。要盡可能掌握多學科、多專業的知識和方法，做到視野開闊，思維活躍而敏捷，能夠在形勢和任務多變的情況下善於在群體的協同工作中，對學科領域的問題進行綜合考察和分析並完成的複合型人才。這正是新世紀對人才規格、層次、類型的迫切呼喚。

【故事開智】

故事1 遍覽群書才能成為專家中的專家

以田中角榮、腦死、宇宙、農民協會、猴學等方面為主題，出版多本懾人心魄的著名記者立花隆，只要從事一項新的創作時，都要花費數個月的時間，將那個領域的書籍加以熟讀、消化、吸收後，再用全新的觀點整合，呈現於讀者面前。

從找書、買書到讀書，立花隆收集資訊的方法是極為徹底的。

立花隆原則上是不到圖書館借書，想看書就到書店去買，因為借來的圖書不能在上面寫字、畫重點或折頁做記號，而不作眉批的書就好像沒讀過一般。他說：

「書是精神食糧，自己選擇自己想讀的書，自己買自己想看的書，想讀的時候就可以拿出來看。」

立花隆看似非常慷慨，其實不然。

因為他只願意將錢花在買書上，甚至於挪用一部分生活費只為了買一本好書。

立花隆讀書的習慣是，買來的書不會立刻陳列在書架上，他會將所有未讀完的書籍都堆在眼前，不斷地告訴自己、強迫自己要讀完這些書。

每次在開始瞭解某一新知識時，他都是從入門書籍著手，讀完一本之後，不會馬上接著讀中級書，而是翻閱完好幾本入門書，再從不同的角度去深入探討。

倘若在自我研習中，覺得書本已經沒有繼續閱讀的價值，他會立刻將它闔上，絕不會因為好不容易購買了，卻沒有多利用而覺得可惜就勉強自己。

那些已經沒有閱讀價值或閱讀意願的書，就不需要再浪費時間去細讀。他便是以這樣的方式，讀完中級、專業的書籍，充分吸收了該領域所需的基礎知識及概念。

【人生感悟】

「書中自有黃金屋，書中自有顏如玉」，書海浩瀚，裏面有取之不盡，用之不竭的寶藏，如何保持持續求知的驅動力，才是我們為了成長、成才必須認真思考的問題。

故事2

涉獵多方面的學問，才能開闊思路

格拉索是美國當代物理學家，他和美國物理學家溫伯格、巴基斯坦物理學家薩拉姆三人在弱電統一理論上的貢獻，共同獲得了一九七九年度的諾貝爾物理學獎。

格拉索在少年時期曾就讀於美國紐約市布朗克斯高級理科中學。這是一所人才輩出的學校，據說，這所學校對學生的挑選非常嚴格，有時幾乎到了苛刻的地步。

格拉索早在中學的時候，就開始自學大學的微積分課程，量子力學雖然是大學高年級的課程，他也買來幾本教科書，在課餘時間裏讀了起來，並冥思苦想去弄懂這門高深的學問。

班上組織了「科幻俱樂部」，格拉索就是俱樂部中的成員。熱愛科學、興趣廣泛、思維活躍的少年們，經常聚集在一起，海闊天空地談論科學。

在這種自由自在、天真活潑的氣氛中，格拉索的知識得到了迅速的擴展，思想得到了鍛煉，創造力也得到了開發。格拉索中學畢業後。進入美國著名的康乃爾大學學習。

他為了進一步開闊知識視野，除了學好物理外，還選修音樂、東亞歷史、法文、文學和電焊等科目。

格拉索獲得諾貝爾獎金之後，曾有一位記者不解地問他：「你說看小說、逛公園也有好處，可這對你的研究有什麼關係呢？」

格拉索回答說：「對世界或人類運動中的事物形象掌握得越多，越有助於抽象思維。」

「假如你從未看過大象，你能憑空想像得出這樣奇形怪狀的東西嗎？」他還說：「往往許多物理問題的解答並不在物理範圍之內，涉獵多方面的學問可以提供開闊的思路。」

【人生感悟】

日本有不少大公司，經常引用一些經典書籍作為公司的經營理念或文化理念，甚至將一些經典書籍作為公司員工必讀之書。其管理者認為，這些書籍是值得花費一定時間去閱讀的，員工有了這些知識的積累、沉澱，將來在公司裏或社會上便容易脫穎而出。

故事3 博覽群書造就的科學家

道爾頓是英國偉大的科學家，他提出了著名的「道爾頓原子論」，被認為是近代化學基礎理論的奠基者。

小時候，由於家裏很窮，道爾頓十三歲就輟學了。不過，少年道爾頓並沒有放棄學習，而是找同學借來課本，在家裏自學。由於道爾頓善於動腦筋，他的學習進度比同學還快。他有一位親戚愛好自然科學，道爾頓就向他學習數學、物理知識。後來，道爾頓自己開設了一所學校。他不僅負責學生的功課，而且利用一切時間刻苦讀書。

一七八一年，道爾頓到一所學校當老師，這是一所很簡陋的學校，但是圖書館裏卻堆滿了書。道爾頓看到書架上有這樣多書，興奮極了。從此，天天堅持不懈地讀書，攻讀數學知識，努力培養自己運用數學方法分析科學問題的能力。在這段時間裏，他還學習天文，觀測天氣。

道爾頓興趣廣博，閱讀了大量書籍，又能夠學為己用。他的讀書方法很有獨到之處。

第一個特點是書本知識和實驗相結合，這使他能夠做到學以致用。

第二個特點是他視野開闊，對自然科學和社會科學方面的書都廣泛閱讀，對哲學著作尤其傾心，這給他的思想方法帶來很大益處。

【人生感悟】

博覽群書，即使看不屬於自己研究範圍的著作，也大有益處。因為這樣，不僅開闊思維，而且能讓自己的見識更寬廣。知識之間在某種程度上是相通的，融匯貫通，方能在自己熟悉或不太熟悉的領域裏面有所收穫。

故事4

本正浩夫的悲哀

本正浩夫對科學很感興趣，據說才八九歲大，他就開始「科學」研究了。這也許源於天生的興趣吧：他從小就迷戀物理和化學，小小年紀就把牛頓的力學定律和不少物理公式背得爛熟，還經常饒有興趣地講解給別的孩子聽。因此，小朋友們和老師、父母都交口稱讚他，將他譽為「天才」。

但是，本正浩夫的「天才」，實際上是像人們所說的那樣嗎？有一次，我偶然有機會和他談了一次，談話的內容讓我至今都記憶猶新。

「本正君，聽說你對科學非常熱愛，真是讓人高興！」和他見面之後，我們的談話就從他最為自豪的事情開始了。

「是的，鈴木先生。」本正浩夫一點都不謙讓地說，「從小我就對物理、化學非常熱愛，將來我肯定能成為牛頓和愛因斯坦那樣偉大的科學家。」

「本正君，你能告訴我宇宙有多大嗎？」我故意考考他，試一試這位眾人交口讚譽的天才究竟怎麼高明。

本正浩夫回答：「至今為止沒有明確的結論，反之，肯定是非常非常大。」

我繼續問他：「那宇宙的外面到底是什麼呢？」

「宇宙外面？到現在沒有發現什麼。」本正浩夫不假思索地回答。

我對他說：「本正君，既然至今為止還沒有什麼發現，那你不妨用自己的想像力去想像一下吧。」

「想像力？想像？怎麼能用想像這樣和公理、定理毫不相關的東西來研究科學呢？」本正浩夫不置可否地反問。

「是這樣啊。」聽了他的這句話，我知道眼前這位天才是怎麼回事了，同時也覺得失望：「本正君，人最重要的難道不是想像力嗎？人類要是喪失了想像力，就沒法做好任何事，更談不上有什麼進步了。」

「本正君，你在物理和化學之外，還有什麼其他愛好嗎？」

「我哪裡有精力愛好其他東西，我幾乎把所有時間都耗費在搞科學研究上了，」本正浩夫說，「普通人呢，在空閒的時候可以愛好音樂什麼的，但我就不一樣了，科學研究就是我的一切。在那些毫無意義的東西上，我可不想把寶貴的時間耗費在那上面。」

【人生感悟】

不要再把「無知者無畏」的話當做自己愚蠢的理由。今天，一個無知者，就是一個真正的失敗者。只有把知識當做生命營養的人，才能孜孜以求，如饑似渴。也只有一個知識淵博、學識過人的人，才能創造卓越的人生，成為優秀的人。

哲理

4

在博學的基礎上專攻至深

追求自己的奮鬥目標，就像打井，雖然直徑不大，但只要朝著你選定的地方，堅持不懈地打下去，最終定會打出水來。

【哲理點燈】

現代科學門類廣泛，不是一個人都能學得過來的，要想在事業上取得成功，在打好堅實基礎的同時，必須集中精力，重點攻擊一個目標，方才能奏效。

追求目標必須堅定不移，要咬定目標不放鬆。一個人只要長期專注於某一事業，通常都能成為這方面的行家高手。

諾貝爾物理獎獲得者、義大利著名物理學家馬可尼，終生不渝地追求一個目標：如何利用無線電波傳送電報。經過不懈的努力，他成功了，取得了世界上第一項關於無線電通訊的專利。

荷蘭著名物理學家、諾貝爾物理獎獲得者昂尼斯總結自己的成功經驗時說：「只要養成做學問的習慣，那就跟一日三餐一樣，不吃不喝，就會感到饑渴難忍。有了做學問的習慣，還要牢記一點，那就是專和精。跟整個世界相比，個人所掌握的實在太渺小了，人可以在專和精中求廣博，如果想懂得一切，那顯然是不切實際的無稽之談。」

諾貝爾物理獎獲得者弗蘭克的成功經驗同昂尼斯的不謀而合。

追求目標，貴在專一。一個人的精力和生命是有限的，不可能在各個領域都取得成就，只有把全部精力集中在一個確定的目標上，勇往直前，毫不動搖，才能獲得成功。追求目標不專一，等於是無的放矢，與空想沒有什麼兩樣。

追求目標不專一的原因之一，就是容易受輿論的左右。今天「企業管理」很吃香，就去研究企業管理；明天研究「紅學」很熱鬧，又去研讀《紅樓夢》；後天研究「工商管理學」又成了熱門，於是又去研究工商管理學。功夫並沒有少花，結果卻是竹籃打水，一無所獲。為了減少或杜絕無效的勞動，我們決不能受輿論的左右，必須專心致志於既定的目標，並拿出全部的智慧和力量去追求它。凡能這樣做的，往往都能獲得圓滿的成功。

古往今來，凡是有成就的人，都很注意把精力用在一個目標上，專心致志，集中突破，這是他們成功的最佳方案。

【故事開智】

故事1

「別人做很多件事，我只做一件」

曾經有人問牛頓怎樣發現了「萬有引力定律」，他回答說：「我一直在想著這件事。」

在回答「成功的第一要素是什麼？」時，愛迪生答道：「能夠將你身體與心智慧量鍥而不捨地運用在同一個問題上而不會厭倦的能力……你整天都在做事，不是嗎？每個人都是。假如你早上七點起床，晚上十一點睡覺，你做事就做了整整十六個小時。對大多數人而言，他們肯定是一直在做一些事，唯一的問題是，他們做很多很多事，而我只做一件。假如他們將這些時間運用在一個方向、一個目的上，他們就會成功。」

高度專一與否，一天就有很大的差別，一月、一年、十年呢？那差異就更大了。因此，卡萊爾說：「最弱的人，集中其精力於單一目標，也能有所成就；反之，最強的人，分心於太多事務，可能一無所成。」

【人生感悟】

歷史上不少人被埋沒，除了社會原因之外，沒有找到他們為之獻身的具體事業目標，東一榔頭，西一棒子，今日點瓜，明日種豆，不能不是一個重要原因。

故事2

通才鼯鼠缺乏專業才能的教訓

鼯鼠掌握了五種技能：飛翔、游泳、攀樹、掘洞和奔跑。牠為此感到非常自豪：在動物世界裏，有誰像我這樣多才多藝？雄鷹飛得高，但牠會游泳、掘洞、攀樹、奔跑嗎？老虎跑得快，但牠會飛翔、游泳、攀樹、掘洞嗎？海豚是游泳能手，但牠會其他四種技能嗎？鼯鼠把自己和各種動物都比了個遍，越比越覺得自己的本領高，越比越覺得自己了不起。在牠看來，老虎當獸中之王，雄鷹為鳥中之王，都是徒有虛名而已。真正的動物首領，非牠莫屬。

然而，人們還是把牠與老鼠並列，劃入嚙齒目；又將牠與弱小動物排在一起，歸進松鼠科。鼯鼠為此憤憤不平：「胡鬧，胡鬧！老鼠、松鼠算什麼東西？我可是動物中的通才、全才啊！」

有一天，鼯鼠正在向幾隻老鼠炫耀自己的五種技能，突然，一隻老虎出現在牠面前：「小兄弟，你在說什麼？」鼯鼠嚇得魂飛魄散，撒腿就跑。但是，牠用盡力氣跑了半天，老虎幾步就追上來了。沒辦法，牠慌忙爬上一棵樹，這時，一隻金錢豹又躥了過來，三下兩下就躥上了樹頂。

情急之中，鼯鼠張開四肢飛到空中。但是，牠的「翅膀」並不能像鳥一樣扇動，只能滑翔。一隻雄鷹輕輕扇了兩下翅膀，眼看就要抓住牠。無路可走，鼯鼠「撲通」一聲鑽進水裏。牠剛想喘口氣，一隻水獺已箭一般地向牠撲來。鼯鼠狼狽地爬上岸，伸出利爪掘洞藏身。水獺跟蹤追來，沒費吹灰之力，就扒開了牠的洞穴，把牠抓在手中。

「兄弟，我想領教領教，你還有什麼招數嗎？」水獺譏諷地問。

鼯鼠渾身像篩糠一樣顫抖不止，後悔不迭地說：「擁有一身平庸的本領，不如掌握一件過人的技術啊！」

【人生感悟】

通才鼯鼠的故事告訴我們：與其掌握許多平庸的本領，不如精通一門過人的技術。

故事3

專注於一是一股巨大的力量

有一次，一個青年苦惱地對昆蟲學家法布林法說：「我不知倦勞地把自己的全部精力都花在我愛好的事業上，結果卻收效甚微。」

法布林讚許說：「看來你是一位獻身科學的有志青年。」

這位青年說：「是啊！我愛科學，可我也愛文學，對音樂和美術我也感興趣。我把時間全都用上了。」

法布林從口袋裏掏出一塊放大鏡說：「把你的精力集中到一個焦點上試試，就像這塊凸透鏡一樣！」

法布林本人正是這樣做的。他為了觀察昆蟲的習性，常達到廢寢忘食的地步。

有一天，他大清早就俯在一塊石頭旁。幾個村婦早晨去摘葡萄時看見法布林，到黃昏收工時，她們仍然看到他俯在那兒，她們實在不明白：「他花一天功夫，怎麼就只看著一塊石頭，簡直中了邪！」

其實，為了觀察昆蟲的習性，法布林不知花去了多少個日日夜夜。

美國鋼鐵大王安德魯·卡內基在一次對美國柯里商業學院畢業生的講話中指出：

「獲得成功的首要條件和最大秘密，是把精力完全集中於所幹的事。失敗的企業是那些分散了精力的企業。它們向這件事投資，又向那件事投資；在這裏投資，又在那裏投資；各方面都有投資。『別把所有的雞蛋放入一個籃子』之說是大錯特錯。我告訴你們。要把所有的雞蛋放入一個籃子，然後照管好這個籃子。注視周圍並留點神，能這樣做的人往往不會失敗。照管好那個籃子很容易，但在我們這個國家，想多提籃子因而打碎雞蛋的人也多。有三個籃子的人就得把一個籃子頂在頭上，這樣很容易摔倒。」

【人生感悟】

卡內基講的這個道理，同樣適用於我們對待學習問題。我們主張青少年學習要廣泛些，要學好基礎知識。打好基礎，絕不是說不要突出重點，平均分散你的力量。只有在廣泛積累知識的同時，突出重點，集中優勢力量攻擊一點，才是最好的抉擇。

機遇的哲理——

乘風借勢，敢爲人先

命運不掌握在上帝手中，
而掌握在我們自己手中。
因此，那些失敗的人，不應詛咒上帝，
而應反省自己為什麼沒有抓住機遇。

——（德）約翰·歌德

幸運的時機好比市場上的交易，
只要你稍有延誤，它就將掉價了。

——（英）弗·培根

一個人，一生中獲得特殊機遇的可能性不到百萬分之一；然而，一般機遇卻常常出現在我們面前。

只有懶惰的人總是抱怨自己沒有機遇，有頭腦而勤奮的人能夠從瑣碎的小事中尋找出機遇，而粗心大意的人卻輕易地讓機遇從眼前飛走。對於有心人而言，每一個他們遇到的人或事，每一天生活的場景，都是一個新的機遇，都會在他們的知識寶庫裏增添一些有用的東西，都會給他們的個人能力注入新的能量。

有一句格言說得好：「幸運之神會光顧世界上的每一個人。但如果她發現這個人並沒有準備好要迎接他時，他就會從大門裏走進來，然後從窗子裏飛走。」

只要你善於觀察，你的周圍到處都存在著機遇；想一想，塵世間有無數的工作在等人去做；而人類的本質是那麼的特殊，哪怕是一句歡快的話語或是些許的幫助，都會有助於人們力挽狂瀾為自己的成功掃清了道路；每個人的體內都包含了誠實的品質、熱切的願望和堅韌的品格，這些都讓人們有成就自己的可能；人們的前方還有無數偉人的足跡在引導著、激勵著人們不斷前行；而且，每一個新的時刻都給人們帶來許多未知的機遇。

所以，不要坐等機遇的到來，而應主動尋找機遇，並把握機遇，讓機遇成為服務於自己的奴僕。

哲理 1

要把握未來就必須抓住機會

每個人一生中都有很多機遇，你一定要抓住它，不要讓它從你身邊溜走。否則，機遇永遠不會再回來。每一個成功的人，特別善於抓住當前的機遇。

【哲理點燈】

剛踏入社會的新人，恰如乳虎嘯谷，鷹隼試翼，未來這幅巨大的畫面正在展開，等待著你的大筆去揮灑、去填充、去描繪。

能不能描繪好你未來的畫卷，除了自身應具備良好的基本素質外，還必須抓住機遇，才能夠進入成功者的大門。

許多人都豔羨大富豪們的錢財來得太多太容易，驚嘆成功者短時間內就創造了豐功偉績，羨慕驚嘆之餘常常抱怨自己的運氣太差，沒有碰上機遇。其實不然，事後看起來很簡單的事情，事前決不簡單。當年哥倫布發現新大陸，有人也不服氣，但是不服氣不行啊！大家都沒有想到，有人想到了，這就叫智慧，大家都不敢去做，有人去做了，這就叫膽識。世界上許多人與成功擦肩而過，其實缺少的就是抓住機遇的智慧和膽識。

你想把握未來嗎？那你就必須抓住能夠成功的每一個機遇。談到這裏，你可能會說，我沒有什麼天賦和特長，在激烈的社會競爭中能抓住機遇嗎？

其實，你大可不必相信「天生」。只要你肯努力，就可以抓住機遇。把握自己的未來。

事實上，不管你身處哪種情況，只要你決心抓住機會幹一番事業，十有八九都能實現。

幾度被「金氏世界紀錄」列為「世界上最偉大的行銷員」的喬．吉拉爾得，在他四十九歲時，已連續十一年被評為頭號汽車行銷員。那麼，他應該一定是位「天生的行銷員」吧？

其實不然，吉拉爾得中學時曾被逐出校門，當了不到一百天的兵，還曾被四十餘家公司開除過。

他說：「人們都說我是一位天生的行銷員，其實錯了，我現在告訴你們，我是全靠自己的努力不放過每一個機會，才成為『天生的行銷員』的。像我這樣的人，從頭開始都可以辦得到，那麼，還有誰不能辦到呢？」

類似吉拉爾的人物還有：法蘭恩．塔肯頓抓住機會從運動員改行，成為成功的商人；演喜劇的瓊．瑞弗斯抓住機會棄藝從商，還做了珠寶設計師。聖地牙哥「衝鋒者」隊的達瑞恩．本尼特，本來是澳大利亞的足球運動員，當年到美國度假時只是想嘗試一下當射門員的滋味而已。暢銷小說家史考特．塔羅原來是位律師。

他們的經歷告訴我們：你應該抓住每一個可能成功的機會，自己把握、決定你的未來。只要去不懈地努力尋找，每個人都能發現自己能比別人做得好的機會和領域。

【故事開智】

故事1　不懂把握當前機會的修士

有這樣一個故事：

一位修士虔誠地信奉著上帝。有一天，他所在的村莊發生了水災，整個鄉村都難逃厄運。許多村民紛紛逃生，而這位修士並不著急，因為他相信上帝不會放棄虔誠的子民的，上帝一定會救他的。於是他就爬到屋頂上去，等待上帝的拯救。

不久，大水漫過屋頂，剛好有只木舟經過，船上的人要帶他逃生。這位修士胸有成竹地說：「不用啦，上帝會救我的！」木舟只好離他而去了。

片刻之間。洪水已漫到他的膝蓋。剛巧，有艘汽艇經過，拯救尚未逃生者。這位修士則說：「不必啦，上帝會救我的！」汽艇只好到別處進行拯救工作。

半刻鐘之後，洪水高漲，已至修士的肩膀。此時，有一架直升飛機放下軟梯來拯救他。他死也不肯上機，說：「別擔心我啦，上帝會救我的！」直升飛機也只好離開。

最後，水繼續高漲，這位修士被淹死了。

修士死後，靈魂忿忿不平地質問上帝：「我是如此虔誠的信徒，你為什麼不救我呢？」

上帝奇怪地問：「我還奇怪呢，我給了你三次機會，為什麼你都沒有抓住？」

【人生感悟】

「機不可失，時不再來」，這是一個淺顯而深刻的道理。人生事業的成功和失敗往往與利用時機有關，有些人在時機失去之後才頓足扼腕，那麼，他便注定只是個十足的庸人。而有些人明白時機稍縱即逝，因而能及時把握，所以，他的一生都彷彿一帆風順，心想事成。

故事2

從冷飲攤起家的年輕人

一個擺冷飲攤的年輕人，經過近三十年的奮鬥，竟擁有了大小餐館近四百家、員工三萬多人、年營業額在四億美元左右的大企業，這雖不是空前絕後的成就，但也決不是大多數人能夠辦得到的。

創造這一奇蹟的，是梅瑞特公司的創辦人約翰．梅瑞特，由他的創業事例中，你也許可以發現不少「把握機遇」的訣竅。

一九二七年六月間，梅瑞特帶著他的新婚妻子愛麗絲來到華府，在這裏與他的合夥人開起了一家冷飲店。事實上，這個店只是在一家麵包店裏占了一角而已，根本不能算是店，只不過是個冷飲攤，而且只賣汽水。

由於全球經濟衰退，沒多久，他們的冷飲店被迫關門。這時，他看見一家麵包店，來來往往人很多，心想：這裏不管是做什麼生意，都是很理想的位置。於是他抓住機會，在麵包店隔壁重新開了家店。

這一天，正是晚上下班的時候，隔壁麵包店的生意特別好，大有應接不暇之勢，受此啟發，他與妻子決定再開一家速食店。他推出的熱食品，有辣椒紅豆、墨西哥薄餅、夾烤肉三明治等，以愛麗絲的做法來說，的確稱得上是「秘方」，再加上梅瑞特用誇張的廣告語一渲染，就更顯得奇妙無比了，這正迎合了美國人好新奇的心理。

此外，他還以強調「熱」來表現特色。他煮了一大鍋玉米湯。不時地掀鍋蓋，熱氣從鍋裏湧出來，繚繞在店面上空，給人一種熱氣騰騰的感覺。尤其在冬天，這一招特別吸引人。

同時，這種小店，爐灶是跟店面連在一起的，他把爐灶做成白色的，愛麗絲則穿著時髦的衣服，圍了條白色圍裙，站在爐邊烤肉，這真是一幅很美的圖畫。

在夫婦兩人齊心合力的經營下，小吃店的生意忙了起來。

懷有雄才大略的梅瑞特，一看發展的時機來臨，立即著手準備擴展的計畫。先由太太親自主持訓練廚師，他自己則一有空閒就到外面去勘查地點，以備將來增設分店。

這時候，美國經濟仍在不大景氣的陰霾籠罩下，豪華的餐廳一家接一家地倒閉，這種大眾化的小吃店，卻成為飲食業的一枝獨秀。梅瑞特夫婦抓住了這個難得的機遇，再加上他們經營的小吃店別具特色，生意就更加興隆了。到了一九三二年，梅瑞特公司所屬的小吃店已增加到七家。

【人生感悟】

梅瑞特夫婦的經驗告訴我們：從事商業活動的經營者，必須具有以變應變的新思維和新觀念，有一套切實可行的應變計畫，以使自己能夠敏銳地把握住生活中那些稍縱即逝的機會。

機會並不會自動地轉化為鈔票——其中還必須有其他因素。簡單地說，就是你必須抓住它才行。

故事3

善抓機遇的皮爾・卡登

皮爾・卡登兩歲多時就隨著母親移居到法國的岡諾市。當時，一戰後世界經濟蕭條，萬業荒廢，工人失業率高，由於他的家庭十分貧窮，生活潦倒，供不起他繼續讀書，他只讀了幾年的書就輟學了。為了生活，他到處工作，十七歲時，他到一家紅十字會做工。憑著他的勤學和機敏，很快就當上了一名小會計。

當會計的這段經歷，他學會了一些經濟方面的知識，如成本核算和經濟管理的知識，這是卡登人生經驗的初步積累。

在做會計的同時，他發現自己對裁剪的興趣很濃厚。三年後，他到了一間服裝店當學徒，幾年的工夫，他已經熟練掌握了裁剪技術。這時的法國，已經開始恢復昔日繁華的面目，卡登也被日漸濃厚的服裝消費氣息所薰陶，他決定要成為一個裁縫師。

辛勤的勞動和強烈的自信心，使皮爾．卡登不斷地拜師學藝，與同行互相學習，短短的幾年工夫，卡登已經是有一定技術實力的裁縫師了。但是，他缺乏的是名氣。卡登到處尋找各種機遇，希望能使自己有一個轉機。

這一天終於來了。一九四五年五月的一天晚上，他獨自在維希郊外的一個小酒店裏喝悶酒。當他要第三杯時，酒店裏有一位破落的老伯爵夫人向他走來。老夫人原籍巴黎，家境破落後遷至維希。這位老夫人見眼前的年輕小夥子無精打采的樣子，便主動上前和他交談。卡登此時正心煩，有這麼一位毫不相干的老婦人交談，也樂得吐愁腸，就把前前後後的事講給她聽。

原來這位夫人是衝著卡登穿著的這套衣服來的，她看他這身打扮很時尚，想知道這套時裝的來歷，一問才知，這套衣服是卡登親手設計、裁剪並製作的。當她得知這個情況後，情不自禁地脫口而出：

「孩子，你會成為百萬富翁的，這是命運的安排。」

原來，這位老夫人年輕時常出入巴黎上流社會，結識了許多服裝設計大師和著名的時裝店老闆，巴黎帕坎女式時裝店經理就是她年輕時的密友。於是，老夫人便把帕坎女式時裝店經理的姓名和住址告訴了卡登。

老夫人這個當時聽起來可笑的預言，竟然激起了卡登埋藏已久的希望之火，帕坎時裝店經理的名字和住址，簡直就是一次從天而降的機遇。他暗暗發誓，振作精神，抓住機會，走向成功。

帕坎女式時裝店是巴黎一家著名的時裝店，這家店時常為巴黎的一些大劇院縫製戲裝。店老闆得知伯爵夫人介紹一位外省的年輕人來求職，便親自接待了卡登，並對他進行了面試。使老闆驚異的是，卡登的裁縫手藝以及設計才能遠遠超出了他的想像，老闆便毫不猶豫地雇傭了卡登。

在這裏，卡登潛心於自己心愛的事業，刻苦鑽研，拜師結友，可以說是如魚得水。不久，卡登就獲得了巨大的成功，名門巨賈中開始流傳著一個年輕人的名字——皮爾．卡登。

不久，卡登的兩位好友鼓勵他開設自己的時裝公司。一九五〇年，卡登傾其所有，在巴黎開了第一家戲劇服裝公司。這是卡登大顯身手的地方，也是卡登帝國崛起的搖籃。

卡登決意自己獨立經營時裝，並以自己名字的第一個字母「P」作為牌子亮出去。由於在人才濟濟的巴黎，沒有名氣的卡登，雖然製作了以自己名字為招牌、款式十分新穎的時裝，但「P」字牌子還是無人問津，生意清淡。但是，卡登並沒有因此而氣餒，他決心在精心設計和行銷上下工夫。

經過卡登的不懈努力，「P」字牌服裝終於有了轉機，贏得了以挑剔著稱的巴黎顧客的喜愛。過去，人們瞧不起成衣，可是，卡登的創造性設計逐步改變了人們的觀念。

從二十世紀六〇年代起，卡登在創作上不斷求新，探索進取，他設計的P字牌服裝，走出法國，在世界深得人們喜愛，並享有一定聲譽。卡登服裝行銷世界，成為現代時裝的名牌之一，它以「高尚、優雅、大方」著稱。卡登本人也為此三次榮獲法國時裝「奧斯卡」設計獎——金頂針獎，卡登成為了世人矚目的設計巨星，法國時裝界的王中之王。

【人生感悟】

每個人一生中都會遇到許多機遇。能力強、綜合素質高的人善於抓住機遇並且充分利用它們；具有高度智慧的人更善於創造機遇。

哲理

2

別讓擦肩而過的機遇溜走

*

過於求穩的人常常會失掉一次次的機會，他們總是在機會過後，才嘆惜不已，甚至遺恨終生。人生就應當抓住稍縱即逝的機會，過度的謹慎就會失去它。

【哲理點燈】

機遇往往是瞬間即逝的，當機遇出現時，能否捕捉到，就因人而異了。同樣一個資訊，同樣一個機會，有些人視而不見，充耳不聞，甚至讓機遇在鼻尖前面溜過去。有些人在機遇面前獨具慧眼，當機遇一旦出現就能敏銳地察覺，抓住不放，迅速做出決策，取得巨大效益。

抓住機會，見機而動，這個道理並不難理解。但許多人卻令人遺憾地失去了機會。失去機會的原因恐怕體現在兩個環節上，一個是時機，一個是選擇。時機來到，有的人能及時發現，有的人卻視而不見，有的人雖然有所發現，但認識不清，把握不準。對機會的認識決定了對機會的選擇。不能認時機，也就無所謂選擇；認識不深不明，便會在機會選擇上猶豫徘徊，左顧右盼，不能當機立斷，最終遺失良機。

在生活中，有的人成功，有的人失敗。成功的人之所以成功，是善於發現機遇，把握機遇；失敗的人，即使機會擺在面前，也不會認清機會利用機會。一個人抓住了機遇，便把握住了有價值的生命。在如今充滿機遇的時代，有志者騰飛的機遇、創新的機遇、成功的契機，往往有更大的變數性，機遇就像過眼雲煙，瞬間即逝，因此，必須當機立斷捕捉機遇，切莫遲延和等待，更不要優柔寡斷。

【故事開智】

故事1 兩個樵夫不同的抉擇

有這樣一則寓言故事：

從前有兩名樵夫去山中打柴，發現了兩大包棉花，兩人喜出望外，棉花的價格高過柴薪數倍，如果將這兩包棉花賣掉，足以使一家人一個月衣食無慮。當時兩人各自背了一包棉花，便趕路回家。

走著走著，其中一名樵夫眼尖，看到山路上有一大捆布，走近細看，竟是上等細麻布，足足有十多匹。他欣喜之餘，和同伴商量，想一同放下肩上的棉花，改背麻布回家。

他的同伴卻有不同的想法，認為自己背著棉花已走了一大段路，到了這裏卻丟下棉花，豈不枉費自己先前的辛苦，堅持不願換麻布。

先前發現麻布的樵夫屢勸同伴不聽，只得自己竭盡所能地背起麻布，繼續前行。

又走了一段路後，背麻布的樵夫望見林中閃閃發光，走近一看，地上竟散落著數罈黃金，心想這下真的發財了，趕忙邀同伴放下肩頭的麻布及棉花，改用挑柴的扁擔來挑黃金。

他的同伴仍是那套不願丟下棉花，以免枉費辛苦的論調；並且懷疑那些黃金不是真的，勸他不要白費力氣，免得到頭來一場空歡喜。

發現黃金的樵夫只好自己挑了兩罈黃金，和背棉花的夥伴趕路回家。

走到山下時，無緣無故下了一場大雨，兩人在空曠處被淋了個透。

更不幸的是，背棉花的樵夫肩上的大包棉花吸飽了雨水，重得無法再背得動，那樵夫不得已，只能丟下一路捨不得放棄的棉花，空著手和挑著黃金的同伴回家去。

【人生感悟】

卡內基說：「在商業活動中，時機的把握甚至完全可以決定你是否有所建樹，抓住每一個致富的機會，哪怕那種機會只有萬分之一實現的可能性，只要你抓住了它，就意味著你事業已經成功了一半。」

故事2 一場豬瘟讓他賺了九百萬

一八七五年春天的一個早晨，美國實業家亞默爾像往常一樣在辦公室裏看報紙，一條條的小標題從他的眼睛中溜過去。突然，他的眼睛發出了光芒，他看到了一條短訊：墨西哥可能出現了豬瘟。

他立即想到：如果墨西哥出現豬瘟，就一定會從加州、德州傳入美國。一旦這兩個州出現豬瘟，肉價就會飛快上漲，因為這兩個州是美國肉食生產的主要基地。

他的腦子正在運轉，手已經抓起了桌子上的電話，問他的家庭醫生是不是要去墨西哥旅行。家庭醫生一時間弄不清什麼意思，滿腦子的霧水，不知道怎麼回答。

亞默爾只簡單地說了幾句，就又對他的家庭醫生說：「請你馬上到野炊的地方來，我有要事與你商議。」

原來那天是週末，亞默爾已經與妻子約好，一起到郊外去野餐，所以，他把家庭醫生約到了他們舉行野餐的地方。

他、他的妻子和他的家庭醫生很快就聚集在一起了，他滿腦子都是墨西哥豬瘟，對野餐已經失去了興趣。他最後說服他的家庭醫生，請他馬上去一趟墨西哥，證實一下那裏是不是真的出現了豬瘟。

醫生很快證實了墨西哥發生豬瘟的消息，亞默爾立即動用自己的全部資金，大量收購佛羅里達州和德州的肉牛和生豬，很快把這些東西運到美國東部的幾個州。

不出亞默爾的預料，瘟疫很快蔓延到了美國西部的幾個州，美國政府的有關部門下令一切食品都從東部的幾個州運往西部，亞默爾的肉牛和生豬自然在運送之列。

由於美國國內市場肉類產品奇缺，價格猛漲，亞默爾抓住這個時機狠狠地發了一筆大財，在短短的幾個月時間內，就足足賺了九百多萬美元。

事後，亞默爾還感到很後悔：他本來是想叫他的家庭醫生當天就到墨西哥去的，由於野餐白白地耽擱了一天時間，使自己少賺了一百多萬美元。

他之所以能夠賺到這樣一大筆別人沒有賺到的錢，就是因為他比別人更敏銳地抓住一個有用的機會，並且迅速開發出最大的價值。

【人生感悟】

機遇稍縱即逝，猶如白駒過隙，它是明察善斷者不斷進擊的鼓點，是長夜中士兵即刻開拔的號角。在機會面前，任何猶豫都會與之無緣。機不可失，時不再來，在進退之間，不能把握時機者，必將一事無成，遺恨終身。

故事3

抓住萬分之一機會的聰明人

有一次，甘布士要乘火車去紐約，但事先沒有訂妥車票，這時恰值聖誕前夕，到紐約去度假的人很多，因此火車票很難購到。

甘布士夫人打電話去火車站詢問：是否還可以買到這一次的車票？車站的答覆是：全部車票都已售光。不過，假如不怕麻煩的話，可以帶著行李到車站碰碰運氣，看是否有人臨時退票。

車站反覆強調了一句，這種機會或許只有萬分之一。但甘布士欣然提了行李，趕到車站去，就如同已經買到了車票一樣。

他的夫人問道：「約翰，要是你到了車站買不到車票怎麼辦呢？」

他不以為然地答道：「那沒有關係，我就好比拿著行李去散了一趟步。」

甘布士到了車站，等了許久，退票的人仍然沒有出現，乘客們都川流不息地向月臺湧去了。但甘布士沒有像別人那樣急於往回走，而是耐心地等待著。

大約距開車時間還有五分鐘的時候，一個女人匆忙地趕來退票。因為她的女兒病得很嚴重，她被迫改坐以後的車次。甘布士買下那張車票，搭上了去紐約的火車。

到了紐約，他在酒店裏洗過澡，躺在床上給他太太打了一個長途電話。在電話裏，他輕鬆地說：「親愛的，我抓住那只有萬分之一的機會了，因為，我相信一個不怕吃虧的笨蛋才是真正的聰明人。」

【人生感悟】

機遇並不是每個人都能得到的。無論在社會生活和社會鬥爭中，機遇只偏愛那些有準備頭腦的人，只垂青那些深諳如何追求它的人，只賜給那些自信必能成功的人！

哲理 3

機遇垂青有準備的人

機遇特別垂青有準備的人，他們在平時就善於思索，當機遇出現時，就能果斷而迅速地抓住。而在毫無準備的人那裏，機遇即使一再出現，他也會白白錯過。

【哲理點燈】

愛因斯坦曾說過：「機遇只偏愛有準備的頭腦。」自古至今有不計其數的人目睹蘋果從樹上掉下來，卻很少有人能像牛頓那樣引發出深刻的定律出來。有許多發現和發明看起來是純屬偶然，其實，仔細探究就會發現，這些發現和發明絕不是什麼偶然得來的，不是什麼天才靈機一動或憑運氣得來的。事實上，在大多數情形下，這些在常人看來純屬偶然的事件，不過是從事該項研究的人長期苦思冥想的結果，也就是說，純粹的偶然性雖以偶然事件的形式表現出來，但它其實也是在不斷實驗和思考之後所必然出現的一種形式。

常常聽到有些人抱怨命運女神忽略了他，總以為自己碰不上好機遇，總以為能夠利用的機遇太少，因而把工作和生活上的一切不順心的事，都歸結到機遇很少光臨自己。而聰明的人總是一方面從事手頭的工作，一方面注意捕捉著取得突破或成功的時機。當時機沒有成熟的時候，他積蓄力量或者尋找出路，一旦時機成熟就順應潮流，促成自己的事業達到高潮。

可以這樣說，在能夠把握機遇並且充分地利用機遇的人那裏，機會時刻都存在著，他們對機遇就像有經驗的船夫利用風一樣，兩者之間似乎有一種默契；而在對機遇毫無知覺也不會很好地利用的人那裏，即使機遇來到眼前，他也不能及時地抓住，而是常常讓機遇白白地失去。

【故事開智】

故事1 一名投資基金新秀的誕生

馬克從哈佛大學畢業之後，進入一家企業做財務工作，儘管賺錢很多，但馬克很少有成就感，沮喪的情緒經常籠罩著他。馬克其實不喜歡枯燥、單調、乏味的財務工作，他真正的興趣在於投資，做投資基金經理人。

馬克為了排遣自己的沮喪情緒，就出去旅行。在飛機上，馬克與鄰座的一位先生攀談起來，由於鄰座的先生手中正拿著一本有關投資基金方面的書籍，雙方很自然地就轉入了有關投資的話題。馬克覺得特別開心，總算可以痛快地談論自己感興趣的事情了，因此他就把自己的觀念，以及現在的職業與理想都告訴了這位先生。

這位先生靜靜地聽著馬克滔滔不絕的談話，時間過得很快，飛機到達了目的地。臨分手的時候，這位先生給了馬克一張名片，並告訴馬克，他歡迎馬克隨時給他打電話。

這位先生從外表來看，各方面都是一名普通的中年人，因此馬克也沒有在意，就繼續自己的旅程。

回到家裏，馬克整理物品的時候，發現了那張名片。仔細一看，馬克大吃一驚，飛機上鄰座的先生，居然是著名的投資基金管理人！

自己居然與著名的投資基金管理人談了兩個小時的話，並留下了良好的印象。馬克毫不猶豫，馬上提上行李，飛到紐約。一年之後，馬克便成為一名投資基金的新秀。

這個故事充分說明了偶然中的必然性。馬克由於鍾愛投資管理，因此與陌生人進行十分專業的談話，並且談了兩個小時，可見馬克具有良好的基礎。如果馬克不是特別著迷，就不會與陌生人談如此專業的話題，最多談一談天氣，或者籃球，然後睡一個覺。這樣，他永遠都不可能獲得這個偶然的機會了。

【人生感悟】

幸運之神隨時可能叩響你的大門，關鍵在於你是否已經作好了準備。在今天這種社會，什麼事情都有可能發生的。不要浪費你自己寶貴的時間去傾聽那些抱怨沒有機會的人。審視你自己，如果機會出現，你能否把握？你是否已經做好了準備？如果沒有，就不要抱怨沒有機會。如果你覺得已經做好了準備，機會仍然沒有出現，那麼不要氣餒，相信機會之門總會打開。

故事2 發現中子的科學家

早在一九二〇年，查德威克的恩師、劍橋大學著名的原子核研究的先驅者盧瑟福博士曾經預言，從計算上看，原子核中一定存在不帶電的中性粒子。

作為學生，查德威克接受了老師的這一思想，從此他多方努力試圖發現中子這個粒子。但是，中子不帶電，與其他粒子沒有相互作用，所以很難發現。

一天。他看到約里奧．居里夫婦撰寫的一篇報告。報告中說：「當鈹射線遇到石蠟時，射線被石蠟擋住，同時還從中打擊出了質子。」查德威克當時就判斷，鈹射線就是他苦苦尋求的中子。

為什麼這樣判斷呢？在鈹射線撞上去的一瞬間，鈹射線停住了，而本來靜止不動的質子卻飛了起來，因此，鈹射線的品質應該和質子的品質是相同的。然而和質子比較，鈹射線的穿透力要大得多。對這一現象只有一種解釋說得通：鈹射線不帶電。因為在穿透物質過程中，鈹射線沒有受到任何電的引力或排斥力的影響，所以穿透力格外強。

查德威克終於證明了老師的預言。他發現了和質子同品質的、不帶電的中性粒子，也就是中子。他就此作了有關報告。一九三五年，他榮獲諾貝爾物理學獎。

【人生感悟】

許多研究人員都閱讀了居理夫婦的學術報告，但他們沒有獲獎。只有查德威克成功了！這是為什麼？這是因為查德威克平日總在苦苦思索捕捉中子的方法，因此當他偶然看到約里奧・居里夫婦的報告，有準備的頭腦使他馬上做出判斷，並通過實驗證實了自己的判斷。

哲理

4

等待機遇
不如創造機遇

*

在很多時候，機會不是等來的，需要靠自己去發現，去挖掘，甚至靠自己去創造。只有善於創造機遇的人，才能獲得更大的成功。

【哲理點燈】

守株待兔的寓言，家喻戶曉。聽這個故事時，我們人人都知道這個農夫好笑，但在實際生活中，像這位農夫那樣一心坐等機會來臨的人，卻大有人在。

機會不會主動來敲你的門，你能不能獲得機會，利用機會，主要取決於你的工作能力、行動決心、想像力、經驗以及你的業務知識。

一次難得的機會，可能同時出現在幾百人的面前，而許多人卻看不到。或者，雖然有些人發現了，但沒有足夠的能力和經驗去利用它。因此，任何人都沒有權力抱怨缺乏機會，或為自己的平庸辯解，聲稱他從來沒有獲得任何機會。始終找不到機會的只有一種人，即那些根本不打算利用機會的人。

機會的降臨有一個過程，但如何等待也有學問。坐等是消極的等待，徒然浪費生命；高明的選擇是積極等待，是做了一切應做的準備功夫後，等待結果，靜候成果的實現。也就是說，在付出了必須付出的勞動之後，在結果未明朗化之前，耐心地注視事態發展，在等待期間，內心盤算下一個步驟。如若取得預期的成果，這是應得的收穫；即使失敗了，也不要緊，視這次經驗為下一步行動寶貴的借鑑。

積極的等待強調「積極」二字，即是重視那些應做的工作，竭力把它們做好。

西方有一句諺語：「坐待幸運從前門進來的人，往往忽略了從後窗進入的機會。」機會不僅需要積極等待，而且還需要自己創造。創造機會比等待機會更為重要。因為現成的機會畢竟不多，等待機會顯得過於被動，而創造機會卻能充分發揮自己的主觀能動性，把握甚至改變事情的發展趨勢。

【故事開智】

故事1

淘金隊伍中的賣水人

十九世紀中葉，美國加州傳來了發現金礦的消息，許多人聽了垂涎三尺，認為機不可失，時不再來，很快掀起了一股淘金熱。這個消息也引起了十七歲的小農夫亞默爾的極大興趣，準備去加州碰碰運氣。他歷盡千辛萬苦趕到了加州，便一頭鑽進山谷，投入了淘金的行列。

在很短的時間裏，亞默爾真的賺了一筆大錢，然而他卻沒有找到一兩金子，只是賣了不少涼水。

原來，山谷裏氣候乾燥，水源奇缺。尋找金礦的人最痛苦的就是沒有水喝。

很多人一面找金礦，一面不停地抱怨：「要是有一壺涼水，老子給他一塊金幣。誰要是讓我痛飲一頓，老子給兩塊金幣也幹。」

這些話只不過是找金礦的人一時發的牢騷，卻沒有人注意。說完之後，人們又埋頭找金礦去了。

但在一片「渴望」聲中，亞默爾那聰明的頭腦開始轉動，這些抱怨對於他來說，無疑是一個機遇。他想，如果把水賣給這些人喝，也許比挖金子能更快地賺錢。

於是，他毅然放棄了找金礦，把手頭的鐵鍬掉了個方向，由挖掘黃金變為挖水渠，把河水引進水池，經過細沙過濾，變成清涼可口的涼水。然後，他把水裝在桶裏、壺裏，賣給找金礦的人們。

當時不少人都嘲笑他：「我們千辛萬苦來到加州，就是為了挖金子，發大財，如果做這種蠅頭小利的生意，在哪裡不能幹，何必背井離鄉跑到加州來。」

對於這些挖苦，亞默爾根本不介意，繼續賣他的水。結果，在很短的時間裏，就靠賣水賺了六千美元。這在當時可不算小數目。當許多人因找不到金礦而忍饑挨餓，流落他鄉時，亞默爾已經成了一個小小的富翁了。

【人生感悟】

亞默爾無疑是個最聰明的創造機會的人，他的經歷再次驗證了莎士比亞的話：「聰明人會抓住每一次機會，更聰明的人會不斷創造新機會。」

故事2 運用智慧創造機遇

在日本一個偏僻的山區裏，有一個小山村因山路崎嶇，幾乎與世隔絕，幾十戶人家僅靠少量貧瘠的山地過日子，十分落後，生活極為貧苦。全村人雖然也想脫貧致富，卻一直苦於無計可施。

一天，村裏來了一位精明的商人，他立即感到這種落後的本身就是一種可貴的商業資源，便向村裏的長者獻了一條致富計策。於是，長者馬上召集全村人，對村民們說：

「如今，都是什麼年代了，咱村的人還過著和原始人差不多的生活，我們深感內疚和痛心！不過，大都市裡的人過著現代化生活的時間長了，一定會感覺乏味。咱不妨走回頭路，乾脆過原始人的生活，利用我們的『落後』，定會招來許多城裏人。咱們也可以借此機會做生意賺錢。」

這一計謀博得全村人喝彩。從此，全村人便開始模仿原始人的生活方式，在樹上搭房，披獸皮，穿樹葉編織的衣服。

不久，那位商人便向日本新聞界透露了他發現這個「原始人」的小部落的秘密，立即引起了社會各界的轟動。從此，成千上萬的人都慕名而至，參觀者絡繹不絕，眾多的遊客為部落帶來了可觀的財富。有經營頭腦的人來了，他們來這裏修公路，建賓館，開商店，將這裏開闢為旅遊點。小山村的人趁機做各種生意，終於富裕起來了。

【人生感悟】

想成功，就要鍛煉出敏銳的洞察力，善於在複雜的情況下發現機遇。那些永遠居住在山區裏的人，雖然也知道外邊世界的精彩，但只是徒然發出嘆息，只知道自己所在的地方貧窮，卻不知道如何改變這種狀況，而那個精明的商人則懂得利用自身創造機遇，並最終帶領那些農民走出了貧窮。

哲理

5

敢於冒險才能抓住機會

*

常言道：「不入虎穴焉得虎子」，要抓住機遇就必須有點冒險精神。一點風險也不敢冒的人，只能坐失一個個機會。

【哲理點燈】

冒險具有一定的危險性，但是想走向成功之路，就必須把冒險作為一生中的必要條件。抓住機遇是件很不容易的事情，也不是每個人想做就能做到的事情。正因為如此，冒險才顯得那麼重要。

要抓住機遇就需要有一點冒險精神，你必須先放棄事前不確定的輸贏，去探取你沒有一定把握的下一步。如果抓住機遇是件輕而易舉的事，每個人都能做到的話，那麼也許就無需冒險了，人人都會活得美滿成功了。

常言道：「不入虎穴，焉得虎子。」想創造機會。卻想不冒風險，那是不可能的。成功者非常清楚地知道風險在所難免，敢於冒險才能抓住機遇。他們充滿自信，在風險中爭取獲得更大的成就。

冒風險，當然就要預備付出一定代價，要做好付出代價的心理準備。但是冒險就是為抓住機遇，獲得成功。

一位億萬富翁說：「從來沒有一個人是在安全中成就一番偉業的。」

許多勇於選擇冒險，善於利用機會的成功者，他們總是從不畏懼艱難挫折的挑戰，而是將磨難看做是對生存智慧的一種檢閱。他們通過冒險展現出自己的不凡身手和超人膽略，無論結果是成功還是失敗，都把它視做是人生中有價值的組成部分。成功了，即是取得了部分的收穫，進而繼續搏擊不止。失敗了，即將其作為是給成功所做的臺階。

對每一個白手起家的創業者來說，冒險是成功不可分割的一部分，是創業過程中不可避免的。

記住，想在事業上取得顯著的成績，就必須有強烈的進取心；敢冒風險，機遇才會降臨到你的頭上。

【故事開智】

故事1

從冒險中成功的約翰

約翰生活在經濟蕭條的但維爾地區，那裏的不少工廠和商店紛紛倒閉，大量的積壓商品無法銷售出去，店主們被迫減價拋售自己的貨物。

約翰是一家製造廠的普通技師，他馬上把自己積蓄的所有資金用於購買這些低價貨物，身邊所有的人看到他這股傻勁，都極力勸阻他不要這樣冒失，還有些人公然嘲笑他是個蠢蛋。約翰對別人的嘲笑不以為然，依舊收購各工廠拋售的貨物，並花錢租用了一個很大的貨倉來貯存貨物。

他的妻子認為這樣做太冒險了，如果血本無歸，後果將不堪設想。約翰安慰她說：「三個月以後，我們就可以靠這些廉價貨物發大財了。」

終於，美國政府採取了恢復維爾地區經濟計畫的行動，進一步穩定了市場物價，大力支持當地的工廠恢復生產業。由於該地區店鋪的存貨已不多了，物價又迅速地飛漲起來。約翰馬上把自己的存貨大量拋售出去，賺了一大筆錢。

這時候，妻子又勸告他：「現在還不是賣出的時候，沒看見物價還在上漲嗎？」約翰平靜地對妻子說：「現在是拋售的最佳時機，再拖延下去，就會後悔莫及了。」果然，約翰的存貨剛剛售完，物價便跌下來了。他的妻子對他的遠見欽佩不已。

約翰憑藉著精明的決斷，在生意場總是能洞察商機，贏取財富。如今，他早已成為蜚聲世界的百貨業鉅子。約翰說：「只要有機會，我是絕不會輕易放過的，哪怕這樣的機會只有萬分之一。」

【人生感悟】

約翰的經驗告訴我們，在機會到來時要敢於冒險，而且要善於冒險。成功的冒險，來源於智慧，來源於對機遇的周密思考和正確的判斷。

處世的哲理——
亦方亦圓，直屈相濟

一個心直口快的人，
只能博得人們的認同，卻不能贏得尊重。
一個圓滑世故的人，
雖然讓人討厭，卻總能保護好自己。

——（俄）伊凡·克雷洛夫

在人生的道路上，
有時退讓一步，
反而是前進一步的最好策略

——（英）托·富勒

生活中有些人快人快語，有啥說啥，口無禁忌，嘴無遮攔。假如在一個熟悉的環境裏，大家彼此很瞭解，知道這是你的個性，可能這還算你的可愛之處。假如在陌生之地不熟悉你的人中，不分場合地點，不分談話對象，一律心裏想什麼就說什麼，這是萬萬不可以的。由於多方面的原因所限，你不能保證你想的都對、說的都對，而且聽話人的接受能力也不同。不分青紅皂白、不講究方式方法的直言快語，往往會帶來不良後果。

心口一致固然好，但在社交中還是要略為謹慎，該直則直，該屈則屈。比如批評別人時，即使需要直接提出批評時，也應講究方式方法，講究批評的語氣、聲調，站在關心愛護的角度，抱著與人為善的態度，讓對方理解你的批評是真為他好，從而引起他發自內心的自我批評，這樣才會起到批評的作用，收到好的效果。

控制不住不當之言的人，只能說是修養不夠。有的人工作辛辛苦苦，能力也不比別人差。可就是得不到主管的器重和同事的擁護，究其原因就差在那張嘴上，正是「一黑遮千白」。有的人工作上雖然能力弱一些，但言談舉止都很得體，當說則說，不當說從不多言多語，因而頗有人緣。

學會處世做人，就要掌握如社交中直與屈的辯證關係，掌握好說話的分寸和辦事的尺度。

哲理

1

外圓內方，不要過分顯露鋒芒

*

一個人有鋒芒也有魄力，在特定的場合裏顯示一下自己的才華，有時是很有必要的。但是如果太過份，不僅會刺傷別人，也會誤傷自己。

【哲理點燈】

在紛繁複雜的人際關係中，如果鋒芒畢露，稜角太強，不但會挫傷別人，也會傷害自己，即使是一個才華橫溢的人，也會過早地埋沒自己的才華，而不能為社會做更多的事。

外圓內方是處事中最經典的哲理。人無論處在何種地方都喜歡聽讚揚之詞，即人人都希望得到社會的承認，這是人之常情。會為人處事者，此時必然謹慎自重，適當藏其鋒芒，而不使其鋒芒畢露。對於別人，即便覺得別人幹得不好也不會妄加指責；那些忠直之人，此時也許要實話實說，這就讓人覺得你太過莽直、鋒芒畢露了。

過分外露自己的才能，只會招致別人的嫉妒，導致自己的失敗，無法達到事業的成功。更有甚者，不僅因此失去了前途，還會累及身家性命。有才華不可鋒芒畢露，對他人不可過於耿直地指責和批評，這便是內方外圓。

內方外圓並不是要違背人格去圓滑地做人，而是要你在堅持原則的前提下講究說話的藝術和方式，這樣既可以表明自己的見解，達到自己的目的，又不會傷害別人，也保護了自己。

「內方外圓」總括修身處世之要義。「方」是原則，是目標，也是本質；「圓」是策略，是途徑，也是手段。總之，萬變不離其宗，「圓」是萬變，「方」是宗。

【故事開智】

故事1

恃才驕傲終招禍

曹操造了一個花園，自己親自去看，看完後一言不發，在門上寫了一個「活」字走了。別人都不知道是什麼意思，丞相府的主簿楊修說：「門內有活，是個闊字，丞相嫌園門闊了。」於是又重新修園門，曹操得知是楊修教的，心裏有點芥蒂。

又有一次，塞北送了一盒酥來，曹操寫了「一合酥」在上面。放在盒子上。楊修看見後，就和大家把這盒酥分吃完了，曹操問他為什麼這麼做，楊修回答說盒上寫了「一人一口酥」，曹操又不太高興。

曹操怕人暗中加害他，吩咐左右說自己夢中好殺人，要是自己睡著了，不要靠近。一天，曹操在白天睡大覺，故意把被子蹬在地上。一個內侍取被給他蓋上，曹操躍起，拔劍殺了這個內侍。醒來之後，假裝不知道，厚葬內侍。楊修說了一句：「丞相非在夢中，君乃在夢中耳！」這下更引起了曹操的不快。

曹操想立曹植為世子。曹丕聽說之後，便偷偷請吳質入府密謀，想用大竹筐蓋上絹布把吳質抬入府中。由於曹操不喜歡兒子和官員結黨，楊修聽到這個消息後，就來告訴曹操。曹操派人在曹丕府門前偵察。

曹丕聽了這個消息後，就真用竹筐裝了絹布抬入府中，偵察的人回報曹操，曹操以為楊修誣告曹丕，心裏越發討厭他。

後來，曹操又想試一試曹丕和曹植的才幹，叫兩個人奉令出城門，曹丕先去，被曹操密令看門官擋住，曹丕只好回來。

曹植事先問了楊修才出門，看門官依舊攔擋，曹植大喝道：「我奉了命令，誰敢阻擋？」一刀把看門官給宰了，曹操據此認為曹植勝於曹丕。有人密告曹操說是楊修教的，曹操心中更是忌恨楊修。

建安二十年（西元二一五年），曹操出兵與劉備爭奪漢中，不能取勝。一天吃飯，曹操看見雞湯中的雞肋，便用「雞肋」做了口令。曹操當晚暗中巡營，看軍士收拾行囊，就問何故，眾軍說是楊修說的。曹操大怒，把楊修找來問話。楊修解釋說，雞肋食而無味，棄之可惜，這才推斷出丞相有回軍之意。曹操一氣之下，命人把楊修推出去殺了。

【人生感悟】

古語道：木秀於林，風必摧之。行高於衆，人必非之。一個人即使聰明過人也要注意收斂，這才是明智的處世之道。楊修不諳此道，終遭殺身之禍。

故事2

切莫喧賓奪主

蕭何在滅楚興漢的事業中立有大功，劉邦將他排在功臣之首。後來韓信被誣為謀反，當時劉邦率兵出征在外，是蕭何為呂后設計除掉了韓信。蕭何由此從丞相提升為相國，封地增加了五千戶，還給了五名士卒做他的警衛。朝中大臣無不向他表示祝賀，只有一個叫召平的秦朝遺老獨去致哀，對蕭何說：

「你不日將有大禍臨頭了，如今主上風餐露宿轉戰於外，而足下坐鎮京師，並未立有戰功，主上之所以給你增加封地，設置衛隊，是由於韓信剛剛謀反，主上對你心存懷疑，以此加以籠絡，並非是對你的寵信。請足下讓出封賞不要接受，並將自己的家產拿出來資助前方軍隊，主上必然高興。」

蕭何認為他說的十分有理，依計而行，劉邦果然十分高興。

又過了一年，英布謀反，劉邦又一次率兵出征，卻從前線一再派回使臣到京師打聽蕭何在幹什麼。蕭何以為皇帝出征在外，便盡心盡責地安撫百姓，籌備糧草，輸送前線，如同他多年來所做的那樣。又有人對蕭何說道：

「足下不久將有滅族的大禍了。足下如今位為相國，功列第一，官不可再升，功不可再加，可足下自入關中十幾年來，甚得民心。如今主上派使臣來打聽足下的情形，是擔心足下名聲太大，對他構成威脅。足下何不到處壓價買田，高利放債，使民有怨言？只有如此，主上才會對你放心。」

蕭何聽從了他的意見，並這樣做了，劉邦果然十分高興。當劉邦班師回朝時，老百姓紛紛攔路上書，狀告蕭何，劉邦一點也不怪罪蕭何，反而將老百姓的狀紙交給蕭何，笑著對他說：「你自己處理吧！」

【人生感悟】

臣子一旦功高蓋世，必招之大禍，這樣的臣子，打江山時尚可利用，坐江山時就一定會被除掉，以解除主上的心頭大患。因此，聰明臣子大多小心收斂，以防喧賓奪主。

哲理 2

人生，把握進退之術

「進」與「退」都是處世行事的技巧。為人處世要精通時務，懂得「激流勇進」和「激流勇退」的道理。

【哲理點燈】

該進則進，該退則退，是智者的表現。如果該進的時候不敢進就會失去機會，導致遺恨終生；該退的時候不能勇退，則會引來麻煩，甚至禍害。

關於進退之術，古人多有闡發，像「進一步山窮水盡，退一步海闊天空」，「以退為進，以進為退」，如此等等。

然而，這些「金玉良言」卻總是被相當多的人忽略了，當作了「耳邊風」，這究竟是因為什麼呢？

一般說來，不外乎有這樣兩種原因。一種是身處逆境之人雖能識之，但不能做；另一種是身處順境之人雖能做之，但不能識。

身處逆境，思量最多的就是如何能擺脫眼前不利局面，力爭早日振作起來，因此，他們腦子裏縈繞最多的便是這一句：「進一步山窮水盡，退一步海闊天空」，但思來想去，總覺得自己背水一戰，無路可退。他們是到了懸崖的邊上，只能向前邁進，而結果，依然是落了個「山窮水盡」的地步。

相反，身處順境的人，考慮最多的，則是如何抓住眼前一片大好局面，進一步擴大自己的勢力和影響，「好風須借力，送我上青天」，正處於人生得意的金字塔尖，儘管也時時有「高處不勝寒」的感覺，但是，他們當中又有幾人能想到「退」之一字呢？他們有的是退的資本，可是，他們沒有人能認識到進退之術，因此擱淺了。

人生中的進退之術，須把握住兩個方面，一是**乘機而進，抓住時機**，進要堅決，不可患得患失；二是**遇變則退，保全自己**。退要果斷，不可猶疑不決。無論是進還是退，其關鍵是要根據實際情況量力而行，「貪」與「疑」都是其中大忌。

【故事開智】

故事1

勇於跳出是非之地

滅吳之後，越王勾踐與齊、晉等諸侯會盟於徐州（今山東滕縣南）。當此之時，越軍橫行於江、淮，諸侯畢賀，號稱霸王，成為春秋戰國之交爭雄於天下的佼佼者。范蠡也因謀劃，官封上將軍。滅吳之後，越國君臣設宴慶功。群臣皆樂，勾踐卻面無喜色。范蠡察此微末，立識大端。他想：越王勾踐為爭國土，不惜群臣之死；而今如願以償，便不想歸功臣下。常言道：「盛名之下。難以久安。」現已與越王深謀二十餘年，既然功成事遂，不如趁此急流勇退。想到這裏，他毅然向勾踐告辭，請求隱退。

勾踐面對此請，不由得浮想翩翩，遲遲說道：「先生若留在我身邊，我將與您共分越國，倘若不遵我言，則將身死名裂，妻子為戮！」

政治頭腦十分清醒的范蠡，對於世態炎涼，品味得格外透徹，明知「共分越國」純係虛語，不敢對此心存奢望。他一語雙關地說：「君行其法，我行其意。」

事後，范蠡不辭而別，帶領家屬與家奴，駕扁舟，泛東海，來到齊國，逃出了是非之地。

【人生感悟】

范蠡的不辭而別，說明他對伴君為臣的做人之道熟知在胸，說明他深知勾踐的為人，只能與他共苦，不能與他同甘。急流勇退，求得後半生的平安，誠為明智之舉。

故事2

狼和狐狸的不同抉擇

老虎、狼和狐狸牠們一起出去打獵，捕獲了一頭羚羊、一隻野鹿和一隻兔子。

老虎問狼：「這些獵物應該怎麼分配啊？」

狼想都沒想就回答說：「公正的方法就是：羚羊歸你，野鹿歸我，兔子給狐狸。」

老虎聽了，舉起爪子，就把狼抓死了。於是牠又問狐狸：「獵物應該怎麼分配啊？」

狐狸想都沒有想，馬上回答道：「公正的方法是：羚羊可以作為您的美食，野鹿可以成為您的佳餚，而兔子可以成為您的點心。」

老虎非常滿意狐狸的回答，說：「你怎麼這麼聰明，是怎麼知道這個答案的？」

狐狸回答說：「你抓死狼的時候，我就知道答案了！」

【人生感悟】

常言道「好漢不吃眼前虧」，但有時卻正是「好漢要吃眼前虧」。留得青山在，不怕沒柴燒。所以，當碰到不利的環境時，千萬別逞一時血氣之勇，寧可吃眼前虧，對今後會大有好處。

故事3

該出手時就出手

在生活中不論要幹什麼，都要把握住適當的分寸和尺度，所謂「該出手時就出手」，一旦錯過了最好的時機，你可能一無所獲。

一位富翁家的狗在散步時跑丟了，於是富翁就在當地報紙上發了一則啟事：有狗丟失，歸還者，付酬金一萬元。

啟事刊出後，送狗者絡繹不絕，但都不是富翁家的。富翁的太太說，肯定是真正撿狗的人嫌給的錢少，那可是一隻純正的愛爾蘭名犬。於是富翁就把電話打到報社，把酬金改為兩萬元。

一位沿街流浪的乞丐在報攤看到了這則啟事，他立即跑回他住的窯洞，因為前天他在公園的躺椅上打盹時撿到了一隻狗，現在這隻狗就在他住的那個窯洞裏拴著，果然，他判斷一定是富翁家的狗。乞丐第二天一大早就抱著狗出了門，準備去領兩萬元酬金。當他經過一個小報攤的時候，無意中又看到了那則啟事，不過賞金已變成三萬元。

乞丐又折回他的窯洞，把狗重新拴在那兒，第四天，懸賞金額果然又漲了。

在接下來的幾天時間裏，乞丐天天流覽當地報紙的廣告欄，當酬金漲到使全城的市民都感到驚訝時，乞丐返回他的窯洞。可是那隻狗已經死了，因為這隻狗在富翁家吃的都是新鮮的牛奶和牛肉，對這位乞丐從垃圾筒裏撿來的東西根本受不了。

【人生感悟】

這則故事告訴我們：有了機會就要牢牢抓住。患得患失，舉棋不定，往往會使機會白白溜走，到頭來只能後悔莫及。生活中，我們必須用心把握好事情的分寸和尺度，做到「該出手時就出手」，才會大獲全勝。

哲理 3

必要時，處世需要繞道而行

生活中，很多事情需要通過繞道而行來解決。不懂得此理的人常常碰得頭破血流；而懂得繞道而行的人，往往是第一個登上山峰的人。

【哲理點燈】

我們常看見那些迷路的蜻蜓在房間裏拚命地飛向玻璃窗，打算到那海闊天空的地方，牠撞到玻璃上，必須在上面掙扎好久，才恢復神智。然後牠在房裏繞上一圈，再鼓起勇氣，仍然朝玻璃窗上飛去，當然，牠還是「碰壁而回」。其實，旁邊的門是開著的，只因那邊看起來沒有這邊亮，牠就不想去試試那個門。

我們有時為了達到目的，不能不換一個方向。否則，你就只好永遠在嘗試與失敗之間兜圈子，直到你完全折羽而歸。

百折不回的精神固然可敬，但如果這裏雖然望得見目標，而前面卻是一片陡峭的山壁，沒有可以攀援的路徑時，我們也只好換一個方向，繞道而行。

為了達到目標，暫時繞道走一走與理想相背馳的路，有時卻正是智慧的表現。事實上，人生旅途中是沒有幾條便捷的直達路徑可走的。我們時常必須把目標放在背後，而耐心地去做披荊斬棘、鋪路修橋的工作，在嘗試很多條看來非常晦暗無望的道路之後，才發現距離目標近了一點。只要我們記住了方向，就算繞道多繞幾個圈子，也並不算錯誤。

法國作家勒農說：「你不要著急！我們所走的路是一條盤旋曲折的山路，要拐許多彎，繞許多圈子，時常我們覺得好似背向著目標，其實，我們總是越來越接近目標。」

【故事開智】

故事1

巧於婉言的光勞利

光勞利是紐約一家木材公司的推銷員，他多年與那些冷酷無情的木材審察員打交道，常常發生口舌，雖然最後的結果往往是他贏，但公司卻總是賠錢。為此，他改變策略，不再同別人發生口角。結果呢？下面是他講的一段經歷：

有天早上他辦公室的電話鈴響了，一個人急躁不安地在電話裏通知他說，光勞利給他的工廠運去的一車木材都不合格，他們已停止卸貨，要求光勞利立即把貨從他們的貨場運回去。原來在木材卸下四分之一時，他們的木材審察員報告說這批木材低於標準的一半，鑒於這種情況，他們拒絕接受木材。光勞利立刻動身向那家工廠趕去，一路上想著怎樣才能最妥當地應付這種局面。

通常，在這情況下他一定會找來鑒別木材層次的標準據理力爭，根據自己作了多年木材審察員的經驗與知識，力圖使對方相信這些木材達到了標準，錯的是對方。然而這次他決定改變做法，打算用新近學會的「說話」原則去處理問題。

光勞利趕到場地，看見對方的採購員和審察員一副揶揄神態，擺開架勢準備吵架。光勞利陪他們一起走到卸了一部分的貨車旁，詢問他們是否可以繼續卸貨，這樣，光勞利可以看一下情況到底怎樣。光勞利還讓審察員像剛才那樣把要退的木材堆在一邊，把合格的堆在另一邊。

看了一會兒，光勞利就發現，對方審察得過分嚴格，判錯了標準。因為這種木材是白松。而審察員對硬木很內行，卻不懂白松木。白松木恰好是光勞利的專長。不過，光勞利一點也沒有表示反對他的木材分類方式。光勞利一邊觀察，一邊問幾個問題。光勞利提問時顯得非常友好、合作，並說他們完全有權把不合格的木材挑出來。這樣一來，審察員變得熱情起來，他們之間的緊張開始消除。漸漸地，審察員整個態度變了，他終於承認自己對白松毫無經驗，開始對每一塊木料重新審察並虛心徵求光勞利的看法。

結果是他們接受了全部木材，光勞利拿到了全額的支票。

【人生感悟】

現實生活中，不少人一聽到批評，馬上就會聯想到緊張的氣氛和不愉快。但婉言卻能使批評在輕鬆愉快中進行，收到「直言」所收不到的效果。

故事2

繞道而行，終獲成功

一天，美國西西里投資公司到中國尋求合作對象。從上午九點開始，美國人先後與多家企業談判，輪到這家國營企業時，已經是下午四點多了。經過一天的談判，美國人已經相當疲憊，根本無心再談，何況談判對象是一個只有兩百多人的小小的國營企業。

果然，一開始，談判就陷入僵局，西西里公司董事長柯比先生對廠長說：「今天太晚了，明天再談吧。」

廠長意識到，如果此時退出，就意味著永遠失去機會，因為所謂的「明天再談」不過是托詞。

廠長站起來說：「柯比先生，你不遠萬里來到中國，的確很忙，但是，我們也很忙，請你允許我再佔用你十分鐘時間，行嗎？」

柯比點了點頭。

廠長說：「我只說四個問題，其中三個是我們可以不與你們合作的理由。第一，與你談判的廠家，大都想通過與你們合作得到資金，可我們不這麼想，我們企業每年上交兩百五十萬元稅金，完全可以養活自己。如果其他投入需要資金，我們可以向銀行貸款，付出利息就行了；如果與你們合作，就必須利潤分成，這對我們明顯不利。第二，別的企業想通過與你們合作得到政府給予的優惠政策，可我們不這麼想，我們是國營企業，國家已經給予了很多優惠政策，與你們合作，未必能獲得更多的好處。第三，別的企業與你們合作，還想得到你們的先進技術和設備，可我們不這麼想，我們的技術是經大學科研人員開發出來的，目前處於世界一流，在設備和操作方面，我們也不擔心。」

在聽廠長講述的過程中，幾位美國人不斷點頭，在聽完三條可以不合作的理由後，美國人的表情已經是驚訝了，因為前面的談判者都是口口聲聲說要合作的理由，這位廠長卻大談不合作的理由。

廠長繼續說：「當然，如果我不想與你們合作，根本就不會坐在這裏了。實話實說，我們廠生產的產品，是高科技的東西，安全可靠，開發前景十分廣闊。而貴公司技術先進，佔有很大的市場，如果我們兩家合作開發這種產品，利用你們公司的巨大影響開發市場，這樣，不但可以發展我們的企業，貴公司也會獲取巨額利潤。」

柯比先生聽到這裏，脫口而出：「ＯＫ！ＯＫ！」

【人生感悟】

廠長獲得成功的奧秘就在於繞道而行。他沒有像其他談判者那樣直奔主題，說出合作的理由，而是繞了一個彎子，先說出不合作的理由，最後才回到主題。很多時候我們必須繞道而行，因為沒有人可以一帆風順地取得巨大成功。

故事3

晏子智勸齊景公

春秋時代的齊景公，是歷史上相當有名的一位明主。當朝的宰相，便是史上聲名卓越的政治家晏子。

一日，有人得罪了齊景公。景公在盛怒之下，把這人抓來綁在大殿裏，並吩咐屬下把這個人手腳四肢一節節地當場肢解。為了防止臣下阻撓，景公還說，如果有人敢勸阻，便也要一併接受酷刑。

這時候，晏子走了出來，戲劇性地一手揪住受刑人的頭髮，另一手則作勢磨刀，做出馬上要替皇上殺人洩憤的樣子。他並且仰頭問齊景公：

「皇上，我想了想，發現歷史上好像沒有記載堯、舜、禹、湯等明君聖主，當他們要肢解殺人的時候，該從哪一部分開始砍起來才好？」

齊景公聽了晏子的話，馬上警覺了起來。他意識到，他想做個明君，又怎能用這樣殘酷的手法殺人呢？當下就把這人寬恕了。

【人生感悟】

當一個人的尊嚴受到威脅的時候，他很難跟你合作。但是，如果你在與他人交往時給對方留足了面子，即使是批評的話，他也比較容易接受。在人際往來中，許多人常常會標榜自己是個「直腸子」，凡事有話直說。但許多時候，人與人之間言語的交流，卻常是「曲則全」，有話直說反而是最不可行的。

哲理

4

善於忍耐，學會控制自己的情緒

*

生活中，面對不同的環境，不同的對手，有時候採用何種手段已不太關鍵，而如何保持好自己的情緒才至關重要。

【哲理點燈】

每個人都有自己的情緒，而情緒是一種很難掌握的東西，有時滑溜得讓人捉摸不到，但是，不管怎麼滑溜，你都要想辦法將它捏得緊緊的。因為這關係到你能否在社會上遊刃有餘地生存。

有許多人能把情緒收放自如，這個時候，情緒已不僅是一種感情上的表達，而且成了攻防中作用的武器。

有時候，掌控不住情緒，不管不顧發洩一通，結果搞得場面十分難堪。生活中，每個人都難免會碰到這種擦槍走火的狀況。但是，聰明人有將不良的情緒馬上收回來的本事。

自古以來，評價人的標準，只要看一個人的涵養和行事的風格，就知是否可以成為可塑之才，是否有大將之風。因此要成為人上人，除了常識與能力之外，全視其能否將情緒操控得當。

一個人的涵養來源於他的修養，有修養之人都懂得控制情緒。遇事不能冷靜，並且以某種極端手段處之的人，決不是一個有修養的人。

情緒處理得好，可以將阻力化為助力，幫你解危化險、政通人和。情緒若處理得不好，便容易失去控制，產生一些非理性的言行舉止，輕則誤事受挫，重則毀了一生。

【故事開智】

故事1 韓信甘受胯下之辱

韓信自幼家貧，衣食無著，往往寄食於人家。他曾和亭長很要好，經常到亭長家裏去吃飯，次數多了，也就惹得亭長的妻子厭煩。他來到淮陰城下，臨水釣魚，有時運氣不佳，只好空腹度日。

一日，正巧有一個臨水漂絮的老婦人，見韓信餓得可憐，便將飯食分一些給韓信吃。韓信非常感激地對老婦人說：「他日發跡，定當厚報。」

誰知老婦人竟含怒訓斥韓信說：「大丈夫不能自謀生路，反受困頓。我不忍你挨餓，才給你幾頓飯吃，難道誰還望你報答不成！」說完，老婦人竟拿起漂絮而去。

韓信窮得無法，只得把家傳的寶劍拿出叫賣，賣了多日，竟賣不出去。

一天，他正把寶劍掛在腰中，沿街遊蕩，忽然遇到幾個地痞。有個地痞有意給他難堪，嘲笑他說：「看你身材高大，卻是十分懦弱。你若有種，就拿劍來刺我，若是不敢刺，就從我的胯下鑽過去。」說完，雙腿一叉，站在街心，擋住了韓信的去路。

韓信打量了一會兒地痞，就爬在地上，徑直鑽了過去。別人都恥笑韓信懦弱，他卻不以為然。

後來，韓信跟劉邦南征北戰，屢建奇功，終於功成名就。

【人生感悟】

其實，韓信絕非不敢刺地痞，只是因為他胸懷大志，不願與小人多生是非。古來成大事者，大多能夠忍辱負重，因為他們明白該低頭時需低頭，他們明白自己的價值。

故事2

李淵忍辱待機，終成大業

隋朝的時候，隋煬帝十分殘暴，各地農民起義風起雲湧，隋朝的許多官員也紛紛倒戈，轉向幫助農民起義軍，因此，隋煬帝疑心很重，對朝中大臣，尤其是外藩重臣，更是易起疑心。唐國公李淵（即唐太祖）曾多次擔任中央和地方官，所到之處，悉心結納當地的英雄豪傑，多方樹立恩德，因而聲望很高，許多人都來歸附。這樣，大家都替他擔心，怕他遭到隋煬帝的猜忌。

正在這時，隋煬帝下詔讓李淵到他的行宮去晉見。李淵因病未能前往，隋煬帝很不高興，多少產生了猜疑之心。

當時，李淵的外甥女王氏是隋煬帝的妃子，隋煬帝向她問起李淵未來朝見的原因，王氏回答說是因為病了，隋煬帝又問道：「會死嗎？」

王氏把這消息傳給了李淵，李淵更加謹慎起來，他知道自己遲早為隋煬帝所不容，但過早起事又力量不足，只好隱忍等待。於是，他故意敗壞自己的名聲，整天沉湎於聲色犬馬之中，而且大肆張揚。隋煬帝聽到這些，果然放鬆了對他的警惕。這樣，才有後來的太原起兵和大唐帝國的建立。

【人生感悟】

克制，乃為人的一大智慧，它有助於人們在攀登理想境界的征途中，消除情感世界不可避免的潛在危機。因而，對於一個成功的開拓者來說，它既是實現成功目標的保證，又是取得更大成功的起點。

一分鐘帶來多少大開悟

奇妙小故事，生活大智慧

作者：舒天
出版者：風雲時代出版股份有限公司
出版所：風雲時代出版股份有限公司
地址：105台北市民生東路五段178號7樓之3
風雲書網：http://www.eastbooks.com.tw
官方部落格：http://eastbooks.pixnet.net/blog
Facebook：http://www.facebook.com/h7560949
信箱：h7560949@ms15.hinet.net
郵撥帳號：12043291
服務專線：(02)27560949
傳真專線：(02)27653799
執行主編：朱墨菲
美術編輯：許惠芳
法律顧問：永然法律事務所 李永然律師
　　　　　北辰著作權事務所 蕭雄淋律師
版權授權：馬鐵
初版日期：2012年5月
ISBN ：978-986-146-866-2

總 經 銷：成信文化事業股份有限公司
地　　址：台北縣新店市中正路四維巷二弄2號4樓
電　　話：(02)2219-2080

CVS通路：美璟文化有限公司
地　　址：台北市信義區莊敬路289巷29號
電　　話：(02)2723-9968

行政院新聞局局版台業字第3595號 營利事業統一編號22759935

定價：250元　特價：199元

國家圖書館出版品預行編目資料

一分鐘帶來多少大開悟-奇妙小故事，生活大智慧 ／ 舒 天 著. -- 初版. -- 臺北市：風雲時代，2012.05 -- 面；公分

ISBN 978-986-146-866-2（平裝）

1.人生哲學　2.修身　3.通俗作品

191.9　　　101004729